新世纪**高职高专**精品教材 | 会计类主干课

XinShiJiGaoZhiGaoZhuanJingPinJiaoCai

财务管理

习题与实训

主　编　刘春华　刘静中

副主编　王满亭　徐　欣

参　编　邓　蕾　孙　颖

（第二版）

大连出版社

DALIAN PUBLISHING HOUSE

内容简介

本书是新世纪高职高专精品教材·会计类主干课《财务管理》的配套辅导教材，旨在帮助学生更好地理解和掌握财务管理的基本理论、基本知识和基本方法。本辅导教材的基本结构与主教材的基本结构完全一致，共分为8章，分别介绍了财务管理的概念、财务管理的目标和组织、财务管理的环境及财务管理的价值观念，财务分析，筹资活动的管理，投资活动的管理，利润分配的管理，财务预算与控制等。

图书在版编目(CIP)数据

财务管理习题与实训/刘春华，刘静中主编．—2版．—大连：大连出版社，2010.9(2013.3重印)
新世纪高职高专精品教材·会计类主干课
ISBN 978-7-80684-735-0

Ⅰ．①财… Ⅱ．①刘… ②刘… Ⅲ．①财务管理—高等学校：技术学校—习题 Ⅳ．①F275-44

中国版本图书馆CIP数据核字(2010)第136995号

出 版 人：刘明辉
策划编辑：侯娟娟
责任编辑：姚 兰 刘丽君
责任校对：金 琦
封面设计：林 洋
版式设计：张晓丹
责任印制：徐丽红

出版发行者：大连出版社
地址：大连市西岗区长白街10号
邮编：116011
电话：(0411)83620416/83621075
传真：(0411)83610391
网址：http://www.dlmpm.com
电子信箱：hjj@dlmpm.com
印 刷 者：大连美跃彩色印刷有限公司
经 销 者：各地新华书店

幅面尺寸：170mm×240mm
印 张：5.75
字 数：120千字

出版时间：2007年5月第1版
2010年9月第2版
印刷时间：2013年3月第8次印刷
书 号：ISBN 978-7-80684-735-0
定 价：11.00元

如有印装质量问题，请与我社营销部联系
购书热线电话：(0411)83620416/83621075

出版说明

为了配合大连出版社出版的“新世纪高职高专精品教材 · 会计类主干课”的教学需要,我们根据此系列教材的内容,组织全国高等职业技术学院会计及相关专业长期从事教学和科研工作的一线教师及有关专家,编写了配套的习题与实训丛书。

本套丛书以系列教材为依托,以扩展和综合运用教材知识为编写宗旨。在编写时,注重理论联系实际,遵照循序渐进的教学原则,安排了两部分内容:习题和实训。在习题部分,包括填空题、选择题、判断题、名词解释、综合练习题等内容,可以使学生通过练习全面掌握教材的基本理论和基本知识;在实训部分,根据各课程的实际需要,分别包括计算、会计分录、实务操作、案例等内容,旨在增强学生动手能力,提高职业判断能力和综合运用能力,真正达到提高学生分析问题和解决问题能力的目的,为学生以后学习和就业打下坚实的基础。

为了便于授课教师指导学生练习和实训,我们同时配备了习题与实训的参考答案(获取方式见本书最后的教学支持说明)。

虽然我们在编写本套丛书时力求达到完美,但由于水平所限,书中不足之处在所难免,欢迎广大读者提出宝贵的意见和建议,也希望得到批评和指正,以便今后更好地改进和提高。

大连出版社

前　言

《财务管理习题与实训》是为大连出版社出版的新世纪高职高专精品教材·会计类主干课《财务管理》编写的配套辅导教材，旨在帮助学生更好地理解和掌握财务管理的基本理论、基本知识和基本方法。

本辅导教材的基本结构与主教材的基本结构完全一致，共分为8章，密切配合主教材内容，根据各知识点的掌握要求和特点，以不同类型的习题巩固和练习各知识点。具体包括单项选择题、多项选择题、判断题、计算题、综合题和案例分析等题型。

本辅导教材中，刘春华、刘静中老师为主编，王满亭、徐欣老师为副主编，邓蕾、孙颖老师为参编，各人编写的章目与在主教材中编写的章目完全一致。由于我们的认知有限，书中难免有疏漏之处，恳请广大读者批评指正，以便我们日后进一步完善和提高。

编　者

目　录

第1章 总论

一、单项选择题

1. 企业的资金运动表现为(　　)。

A. 资金的循环　　B. 资金的周转

C. 资金的循环与周转　　D. 资金的来源与使用

2. 初级市场和次级市场是将金融市场按(　　)标准进行的分类。

A. 期限　　B. 交割的方式

C. 金融工具的属性　　D. 证券交易的方式和次数

3. 企业财务管理是企业管理的一个组成部分,区别于其他管理的特点在于它是一种(　　)。

A. 劳动要素的管理　　B. 物资设备的管理

C. 资金的管理　　D. 使用价值的管理

4. 财务关系是企业在组织财务活动过程中与有关各方面所发生的(　　)。

A. 经济往来关系　　B. 经济协作关系

C. 经济责任关系　　D. 经济利益关系

5. 没有风险和通货膨胀情况下的均衡点利率是(　　)。

A. 利率　　B. 纯利率

C. 流动风险报酬率　　D. 市场利率

6. 相对于每股利润最大化目标而言,企业价值最大化目标的不足之处是(　　)。

A. 没有考虑资金的时间价值　　B. 没有考虑投资的风险价值

C. 不能反映企业潜在的获利能力　　D. 不能直接反映企业当前的获利水平

7. 财务管理是组织企业财务活动,处理各方面财务关系的一项(　　)。

A. 人文管理工作　　B. 社会管理工作

C. 物质管理工作　　D. 经济管理工作

8. 企业价值最大化目标强调的是企业的(　　)。

A. 实际利润额　　B. 实际投资利润率

C. 预期获利能力　　D. 实际投入资金

9. 对企业净资产的分配权是(　　)。
A. 国家的基本权利　　B. 所有者的基本权利
C. 债务人的基本权利　　D. 经营者的基本权利

10. 财务管理的核心工作环节为(　　)。
A. 财务预测　　B. 财务决策　　C. 财务预算　　D. 财务控制

11. 反映企业价值最大化目标实现程度的指标是(　　)。
A. 利润额　　B. 总资产报酬率
C. 每股市价　　D. 市场占有率

12. 下列影响企业财务管理的环境因素中,最主要的是(　　)。
A. 经济体制环境　　B. 财税环境
C. 法律环境　　D. 金融环境

13. 企业按规定向国家交纳税金的财务关系,在性质上属于(　　)。
A. 资金结算关系　　B. 资金融通关系
C. 资金分配关系　　D. 资金借贷关系

14. 资金时间价值的实质是(　　)。
A. 利息率　　B. 资金周转使用后的增值额
C. 利润率　　D. 差额价值

15. 企业再生产过程中商品物资的货币表现就是企业的(　　)。
A. 生产资料　　B. 货币资金
C. 资金　　D. 固定资金和流动资金

16. 某企业现在将 1 000 元存入银行,年利率为 10%,按复利计算。4 年后企业可从银行取出的本利和为(　　)。
A. 1 200 元　　B. 1 300 元　　C. 1 464 元　　D. 1 350 元

17. 某企业在 4 年内每年年末存入银行 1 000 元,年利率为 9%,4 年后可从银行提取(　　)。
A. 3 000 元　　B. 1 270 元　　C. 4 573 元　　D. 2 634 元

18. 为比较期望报酬率不同的两个或两个以上的方案的风险程度,应采用的标准是(　　)。
A. 标准离差　　B. 标准离差率　　C. 概率　　D. 风险报酬率

19. 投资者甘愿冒着风险进行投资,是因为(　　)。
A. 进行风险投资可使企业获得报酬
B. 进行风险投资可使企业获得等同于资金时间价值的报酬
C. 进行风险投资可使企业获得超过资金时间价值以上的报酬
D. 进行风险投资可使企业获得利润

20. 下列围绕货币时间价值的说法错误的是(　　)。
A. 货币时间价值在量上相当于资金的纯利率
B. 在期数、利率相同的情况下,普通年金现值系数是其终值系数的倒数

C. 递延年金的终值计算与普通年金的终值计算无本质区别

D. 永续年金只有现值,没有终值

21. 下列各项中,有助于支持以企业价值最大化作为财务管理目标的理由之一是(　　)。

A. 不考虑资金的时间价值　　B. 没有考虑投资的风险价值

C. 不能避免企业的短期行为　　D. 有利于社会资源的合理配置

22. 如果两个投资方案的期望值和标准离差均不同,则标准离差率大的方案的风险(　　)。

A. 比标准离差率小的方案的风险大

B. 比标准离差率小的方案的风险小

C. 与标准离差率小的方案的风险一定相同

D. 与标准离差率小的方案的风险可能相同

23. 甲乙两企业均投入1 000 万元的资本,本年获利均为60 万元,但甲企业的获利已经全部转化为现金,而乙企业则全部是应收账款。如果在分析时得出两个企业收益水平相同的结论,得出此结论的原因是(　　)。

A. 没有考虑利润的取得时间

B. 没有考虑利润获得所承担风险的大小

C. 没有考虑所获利润和投入资本的关系

D. 没有考虑剩余产品的创造能力

24. 企业发行债券,在名义利率相同的情况下,对其最不利的复利计息期是(　　)。

A. 1 年　　B. 半年　　C. 1 季　　D. 1月

二、多项选择题

1. 财务管理的基本内容包括(　　)。

A. 筹资管理　　B. 投资管理

C. 资金营运管理　　D. 分配管理

2. 风险价值系数的确定方法有(　　)。

A. 根据以往同类项目的有关数据确定　　B. 根据通货膨胀情况确定

C. 由企业领导或有关专家确定　　D. 由国家有关部门组织专家确定

3. 企业筹资管理的目标是(　　)。

A. 筹措最多的资金

B. 以较低的筹资成本获取同样多或较多的资金

C. 以较小的筹资风险获取同样多或较多的资金

D. 控制筹资风险使之最小

4. 企业在财务活动中与各方面发生的财务关系主要有(　　)。

A. 企业与国家之间的财务关系　　B. 企业与其他投资者之间的财务关系

C. 企业与债权人之间的财务关系　　D. 企业与受资者之间的财务关系

5. 下列财务关系中，属于债权债务关系的是（　　）。

A. 企业与国家之间的财务关系　　B. 企业与债权人之间的财务关系

C. 企业与受资者之间的财务关系　　D. 企业与债务人之间的财务关系

6. 企业财务管理的基本环节包括（　　）。

A. 财务预测　　B. 财务决策

C. 财务预算和财务控制　　D. 财务分析

7. 年金按其每次收付发生的时点不同，可分为（　　）。

A. 普通年金　　B. 即付年金　　C. 递延年金　　D. 永续年金

8. 下列年金中，属于普通年金特殊形式的是（　　）。

A. 即付年金　　B. 递延年金　　C. 后付年金　　D. 永续年金

9. 在不考虑通货膨胀的情况下，投资收益率包括（　　）。

A. 通货膨胀补偿率　　B. 无风险收益率

C. 资金成本率　　D. 风险收益率

10. 下列金融市场要素中，与企业财务管理联系最为密切的是（　　）。

A. 黄金市场　　B. 货币市场　　C. 外汇市场　　D. 资本市场

11. 为确保企业财务目标的实现，下列各项中，可用于协调所有者与经营者矛盾的措施有（　　）。

A. 所有者解聘经营者　　B. 所有者向企业派遣财务总监

C. 公司被其他公司接收或吞并　　D. 所有者给经营者以“股票选择权”

12. 在下列各项中，属于企业财务管理的金融环境内容的有（　　）。

A. 利息率　　B. 公司法　　C. 金融工具　　D. 税收法规

13. 相对于其他企业而言，公司制企业的优点是（　　）。

A. 股东人数不受限制　　B. 筹资便利

C. 承担有限责任　　D. 利润分配不受任何限制

14. 下列有关货币市场表述正确的是（　　）。

A. 货币市场也称为短期金融市场，它交易的对象具有较强的货币性

B. 也称为资本市场，其收益较高而流动性较差

C. 资金借贷量大

D. 交易的目的主要是满足短期资金周转的需要

15. 债权人为了防止其利益不受侵害，可以采取的保护措施为（　　）。

A. 在借款合同中加入限制性条款

B. 发现公司有侵蚀其债权价值意图时，采取通过市场接收或吞并的措施

C. 发现公司有侵蚀其债权价值意图时，采取解聘经营者的措施

D. 发现公司有侵蚀其债权价值意图时，采取收回借款或不再借款的措施

16. 企业投资可以分为广义投资和狭义投资，狭义投资包括（　　）。

A. 固定资产投资　　B. 证券投资

C. 对外联营投资　　D. 流动资产投资

17. 利润最大化不是企业最优的财务管理目标,其原因包括( )。

A. 不能直接反映企业创造剩余产品的多少

B. 没有考虑利润和投入资本额的关系

C. 没有考虑利润取得的时间和承受风险的大小

D. 没有考虑企业成本的高低

18. 以资本利润率最大化作为财务目标,存在的缺陷是( )。

A. 不能反映资本的获利水平

B. 不能用于不同资本规模的企业间比较

C. 没有考虑风险因素和时间价值

D. 也不能避免企业的短期化行为

19. 以下关于利息率表述正确的有( )。

A. 利息率是利息占本金的百分比指标

B. 利息率是一定时期运用资金资源的交易价格

C. 利息率是中国人民银行对商业银行贷款的利率

D. 利息率是没有风险和通货膨胀情况下的社会平均利润率

20. 企业价值最大化目标的优点为( )。

A. 考虑了资金时间价值和投资的风险价值

B. 反映了对企业资产保值增值的要求

C. 克服了短期行为

D. 有利于社会资源的合理配置

三、判断题

1. 股份有限公司相比较合伙企业和独资企业而言的最大缺点是对企业的收益需要重复纳税。( )

2. 从资金的借贷关系看,利率是一定时期运用资金的交易价格。( )

3. 企业与政府之间的财务关系体现为一种投资与受资关系。( )

4. 如果企业现有资金不能满足企业经营的需要,还要采取短期借款的方式来筹集所需资金,这样会产生企业资金的收付,这属于筹资活动。( )

5. 在协调所有者与经营者矛盾的方法中,“接收”是一种通过所有者来约束经营者的方法。( )

6. 企业财务是指企业在生产经营过程中客观存在的资金运动,包括筹资活动、投资活动、资金营运活动和资金分配活动。( )

7. 在依据一定的法律原则下,如何合理确定利润分配规模和分配方式,以使企业的长期利益最大,也是财务管理的主要内容之一。( )

8. 租赁公司介于金融机构与企业之间,它也属于金融机构。( )

9. 企业价值最大化强调企业所有者的利益最大化,它与企业经营者没有利益关系。( )

10. 次级市场也称为二级市场或流通市场，这类市场使预先存在的资产交易成为可能，可以理解为"旧货市场"。(　　)

11. 以企业价值最大化作为财务管理目标，有利于社会资源的合理配置。(　　)

12. 民营企业与政府之间的财务关系体现为一种投资与受资关系。(　　)

13. 财务管理环境是指对企业财务活动和财务管理产生影响作用的企业各种外部条件的统称。(　　)

14. 资金周转速度越快，资金利用效果就越好，企业经济效益就会提高。(　　)

15. 企业的资金运动表现为资金的循环。(　　)

16. 企业的目标就是财务管理的目标。(　　)

17. 国家采取紧缩的财税政策时，会使企业纯收入留归企业的部分减少，企业现金流出减少，现金流入增加。(　　)

18. 当市场利率上升、汇率下降、证券价格下跌时，会使企业筹资变得困难；反之，会使企业筹资变得容易。(　　)

19. 公司制企业的财务管理主体是单一的，或者是国家，或者是企业。(　　)

20. 在对比两个方案时，标准离差率越大，说明风险越大；同样，标准离差越大，说明风险也一定越大。(　　)

21. 在现值和利率一定的情况下，计息期越长，则复利终值越小。(　　)

22. 即付年金与普通年金的区别仅在于计息时间的不同。(　　)

23. 永续年金可以视为期限趋于无穷的普通年金。(　　)

24. 在利率为 15%，期数为 10 年的情况下，1 元年金现值系数大于 1 元年金终值系数。(　　)

25. 根据风险与收益对等的原理，高风险投资项目必然会获得高收益。(　　)

26. 在利率大于零、计息期一定的情况下，年金现值系数大于 1。(　　)

四、计算题

1. 练习资金时间价值的计算

【资料】 A 公司 2008 年年初对甲设备投资 100 000 元，该项目 2008 年年初完工投产；2010 年、2011 年、2012 年年末预期收益各为 20 000 元、30 000 元、50 000 元；银行存款复利率为 10%。

【要求】

(1) 按复利计算 2010 年年初投资额的终值；

(2) 按复利计算 2010 年年初各年预期收益的现值之和。

2. 练习资金时间价值的计算

【资料】 某企业拟购置一台柴油机，更新目前使用的汽油机，每月可节约燃料费 60 元，但柴油机价格较汽油机高出 1 500 元。假设年利率 12%，每月复利一次。

【要求】 说明柴油机使用多长时间才合算。

3. 练习资金时间价值的计算

【资料】假设某企业现有一笔4年后到期的借款，到期值为1 000万元，若存款年复利率为10%。

【要求】计算为偿还该项借款应于每年年末存入银行多少元。

4. 练习资金时间价值的计算

【资料】RD投资项目于2005年动工，由于施工5年，于2010年年初投产，从投产之日起每年得到收益40 000元，按年利率6%计算。

【要求】计算10年的收益在2005年年初的现值。

5. 练习资金时间价值的计算

【资料】某公司决定连续5年于每年年初存入银行100万元作为住房基金，银行存款利率为10%。

【要求】计算该公司在第5年年末能一次取出的本利和。

6. 练习资金时间价值的计算

【资料】B公司2008年、2009年年初对乙设备投资分别为60 000元，该项目于2010年年初完工投产；2010年、2011年、2012年年末预期收益均为50 000元；银行借款复利率为8%。

【要求】

(1)按年金计算2010年年初投资额的终值；

(2)按年金计算各年预期收益于2010年年初的现值。

7. 练习资金时间价值的计算

【资料】某公司拟购置一处房产，房主提出两种付款方案：(1)从现在起，每年年初支付200 000元，连续支付10次，共2 000 000元。(2)从第5年开始，每年年初支付250 000元，连续支付10次，共2 500 000元。

【要求】假设该公司的资金成本率(即最低报酬率)为10%，说明你认为该公司应选择哪个方案。

8. 练习投资风险价值的计算

【资料】华新股份有限公司拟筹资500万元建电子管厂，根据市场预测，预计每年可获得的收益及概率见表1-1。

表1-1 华新公司预计收益及概率表

市场情况	预计每年收益(X_i)(万元)	概率(P_i)
繁荣	120	0.2
一般	100	0.5
较差	60	0.3

若电子行业的风险价值系数为6%，计划年度利率(资金时间价值)为8%。

【要求】

(1)计算该项投资的收益期望值；

(2)计算该项投资的标准离差；

(3)计算该项投资的标准离差率；

(4)计算该方案要求的风险价值；

(5)计算该方案预测的风险价值，评价该投资方案是否可行。

第2章 财务分析

一、单项选择题

1. 如果企业速动比率很小，下列结论成立的是（　　）。

A. 企业流动资金占用过多　　B. 企业短期偿债能力强

C. 企业短期偿债风险很大　　D. 企业长期偿债风险很大

2. 下列各项中，可能导致企业资产负债率变化的经济业务是（　　）。

A. 收回应收账款

B. 用现金购买债券

C. 接受所有者投资转入的固定资产

D. 以固定资产对外投资（按账面价值作价）

3. 下列有关每股收益的说法正确的是（　　）。

A. 每股收益，是衡量上市公司盈利能力的财务指标

B. 每股收益多，反映所含有的风险大

C. 每股收益多，则意味每股股利高

D. 每股收益多的公司市盈率就高

4. 下列指标中，属于效率比率的是（　　）。

A. 流动比率　　B. 资本利润率

C. 资产负债率　　D. 流动资产占全部资产的比重

5. 用于评价企业盈利能力的总资产报酬率指标中的“报酬”是指（　　）。

A. 息税前利润　　B. 营业利润　　C. 利润总额　　D. 净利润

6. 利息保障倍数不仅反映了企业获利能力，而且反映了（　　）。

A. 总偿债能力　　B. 短期偿债能力

C. 长期偿债能力　　D. 经营能力

7. 企业大量增加速动资产可能导致的结果是（　　）。

A. 减少资金的机会成本　　B. 增加资金的机会成本

C. 增加财务风险　　D. 提高流动资产的收益率

8. 某企业 2003 年主营业务收入净额为 36 000 万元，流动资产平均余额为4 000万元，固定资产平均余额为 8 000 万元。假定没有其他资产，则该企业 2003 年的总资产周

转率为(　　)次。

A. 3.0　　B. 3.4　　C. 2.9　　D. 3.2

9. 在杜邦财务分析体系中,综合性最强的财务比率是(　　)。

A. 净资产收益率　　B. 总资产净利率

C. 总资产周转率　　D. 营业净利率

10. 如果流动负债小于流动资产,则期末以现金偿付一笔短期借款所导致的结果是(　　)。

A. 营运资金减少　　B. 营运资金增加

C. 流动比例降低　　D. 流动比例提高

11. 在下列财务分析主体中,必须对企业营运能力、偿债能力、盈利能力及发展能力的全部信息予以详尽了解和掌握的是(　　)。

A. 短期投资者　　B. 企业债权人

C. 企业经营者　　D. 税务机关

12. 在下列各项指标中,能够从动态角度反映企业偿债能力的是(　　)。

A. 现金流动负债比率　　B. 资产负债率

C. 流动比率　　D. 速动比率

13. 下列指标中,可用于衡量企业短期偿债能力的是(　　)。

A. 已获利息的倍数　　B. 产权比率

C. 资产周转率　　D. 流动比率

14. 在下列项目中,企业短期债权人主要关心企业的(　　)。

A. 资产的流动性　　B. 收益的稳定性

C. 负债与权益的比例　　D. 长期负债与短期负债比例

15. 属于企业发展能力分析指标的是(　　)。

A. 总资产报酬率　　B. 资本保值增值率

C. 资本收益率　　D. 盈余现金保障倍数

16. 某公司年末会计报表上部分数据为:流动负债 60 万元, 流动比率为 2,速动比率为 1.2, 销售成本 100 万元,年初存货为 52 万元,若非速动资产只有存货,则本年度存货周转次数为(　　)。

A. 1.65 次　　B. 2 次　　C. 2.3 次　　D. 1.45 次

17. 某企业应收账款周转次数为 4.5 次,假设一年按 360 天算,则应收账款周转的天数为(　　)。

A. 0.2 天　　B. 81.1 天　　C. 80 天　　D. 730 天

18. 在下列关于资产负债率、权益乘数和产权比率关系的表达式中,正确的是(　　)。

A. 资产负债率 + 权益乘数 = 产权比率

B. 资产负债率 - 权益乘数 = 产权比率

C. 资产负债率 × 权益乘数 = 产权比率

D. 资产负债率 ÷ 权益乘数 = 产权比率

19. 影响速动比率可信性的最主要因素是(　　)。

A. 存货的变现能力　　B. 短期债券的变现能力

C. 产品的变现能力　　D. 应收账款的变现能力

20. 较高的现金流动负债比率一方面会使企业资产的流动性较强,另一方面也会带来(　　)。

A. 存货购进的减少　　B. 销售机会的丧失

C. 利息的增加　　D. 机会成本的增加

二、多项选择题

1. 某公司当年的经营利润很多,却不能偿还到期的债务。为查清其原因,应该检查的债务比率包括(　　)。

A. 资产负债率　　B. 流动比率

C. 存货周转率　　D. 应收账款周转率

2. 影响净资产收益率的因素有(　　)。

A. 流动负债与长期负债的比率　　B. 资产负债率

C. 营业净利率　　D. 资产周转率

3. 在其他条件不变的情况下,会引起总资产周转率指标上升的经济业务是(　　)。

A. 用现金偿还负债　　B. 借入一笔短期借款

C. 用银行存款购一台设备　　D. 用银行存款支付一年的电话费

4. 财务业绩定量评价是指对企业一定期间的哪些方面进行的定量对比分析和评判(　　)。

A. 盈利能力　　B. 资产质量　　C. 债务风险　　D. 经营增长

5. 下列各项中,与净资产收益率密切相关的有(　　)。

A. 营业净利率　　B. 总资产周转率

C. 总资产增长率　　D. 权益乘数

6. 一个健全有效的企业综合财务指标体系必须具备的基本要素包括(　　)。

A. 指标数量多　　B. 指标要素齐全适当

C. 主辅指标功能匹配　　D. 满足多方信息需求

7. 影响资产净利率高低的因素主要有(　　)。

A. 产品的价格　　B. 单位成本的高低

C. 销售量　　D. 资产周转率

8. 资产负债率,对其正确的评价有(　　)。

A. 从债权人角度看,负债比率越大越好

B. 从债权人角度看,负债比率越小越好

C. 从股东角度看,负债比率越高越好

D. 从股东角度看,当全部资本利润率高于债务利息率时,负债比率越高越好

9. 计算速动比率时,从流动资产中扣除存货的重要原因是( )。
A. 存货的价值较大
B. 存货的质量难以保证
C. 存货的变现能力较弱
D. 存货的变现能力不稳定

10. 财务分析的局限性主要表现为( )。
A. 分析主体的局限性
B. 资料来源的局限性
C. 分析方法的局限性
D. 分析指标的局限性

11. 在其他情况不变的情况下,缩短应收账款周转天数,则有利于( )。
A. 提高短期偿债能力
B. 缩短现金周转期
C. 企业减少资金占用
D. 企业扩大销售规模

12. 财务报表是财务分析的主要依据,财务报表数据的局限性决定了财务分析与评价的局限性,具体表现为( )。
A. 缺乏独立性 B. 存在滞后性 C. 缺乏可靠性 D. 缺乏可比性

13. 在运用比率分析法时,应选择科学合理的对比标准,常用的有( )。
A. 预定目标 B. 历史标准 C. 行业标准 D. 公认标准

14. 如果流动比率高,意味着企业存在以下几种可能( )。
A. 存在闲置现金
B. 存在存货积压
C. 应收账款周转缓慢
D. 短期偿债能力差

15. 以下对流动比率的表述中正确的有( )。
A. 不同企业的流动比率有统一的衡量标准
B. 流动比率越高越好
C. 流动比率需要用速动比率加以补充和说明
D. 流动比率高,并不意味着企业就一定具有短期偿债能力

16. 提高应收账款周转率有助于( )。
A. 加快资金周转
B. 提高生产能力
C. 增强短期偿债能力
D. 减少坏账损失

17. 下列各项指标中可用于分析企业偿债能力的有( )。
A. 资产现金回收率
B. 技术投入比率
C. 带息负债比率
D. 已获利息倍数

18. 利息保障倍数指标所反映的企业财务层面,包括( )。
A. 获利能力
B. 长期偿债能力
C. 短期偿债能力
D. 发展能力

19. 从杜邦分析体系可知,提高净资产收益率的途径在于( )。
A. 加强负债管理,降低负债比率
B. 加强成本管理,降低负债费用
C. 加强销售管理,提高销售利润率
D. 加强资产管理,提高资产周转率

20. 影响速动比率的因素有( )。
A. 应账账款 B. 存货 C. 短期借款 D. 预付账款

21. 若流动比率大于1,则下列结论不一定成立的是(　　)。

A. 速动比率大于1　　B. 营运资金大于0

C. 资产负债率大于1　　D. 短期偿债能力绝对有保障

三、判断题

1. 一般而言,已获利息倍数越大,企业可以偿还债务的可能性也越大。(　　)

2. 对于盈利企业,在总资产净利率不变的情况下,资产负债率越高净资产收益率越低。(　　)

3. 资产负债率与产权比率的乘积等于1。(　　)

4. 现金流动负债比率表明用现金偿还短期债务的能力,企业应尽量使其大于或等于1。(　　)

5. 尽管流动比率可以反映企业的短期偿债能力,但却存在有的企业流动比率高,却没有能力支付到期的应付账款。(　　)

6. 权益乘数的高低取决于企业的资金结构:资产负债率越高,权益乘数越高,财务风险越大。(　　)

7. 一般而言,企业存货需要量与企业生产及销售的规模成正比,与存货周转一次所需天数成反比。(　　)

8. 市盈率是评价上市公司盈利能力的指标,它反映投资者愿意对公司每股净利润支付的价格。(　　)

9. 在财务分析中,将通过对比两期或连续数期财务报告中的相同指标,以说明企业财务状况或经营成果变动趋势的方法称为水平分析法。(　　)

10. 企业拥有的各种资产都可以作为偿还债务的保证。(　　)

11. 盈余现金保障倍数是从现金流入和流出的动态角度,对企业收益的质量进行评价,在收付实现制的基础上,充分反映出企业当期利润总额中有多少是有现金保障的。(　　)

12. 若资产增加幅度低于销售收入净额增长幅度,则会引起资产周转率增大,表明企业的营运能力有所提高。(　　)

13. 某企业去年的销售净利率为5.73%,资产周转率为2.17;今年的销售净利率为4.88%,资产周转率为2.88。若两年的资产负债率相同,今年的净资产收益率与去年相比未上升。(　　)

14. 在采用因素分析法时,既可以按照各因素的依存关系排列成一定的顺序并依次替代,也可以任意颠倒顺序,其结果是相同的。(　　)

四、计算题

1.【资料】某公司流动资产由速动资产和存货构成,年初存货为145万元,年初应收账款125万元,年末流动比率为3,年末速动比率为1.5,存货周转率为4次,年末流动资产余额为270万元。一年按360天计算。

【要求】

(1)计算该公司流动负债年末余额。

(2)计算该公司存货年末余额和年平均余额。

(3)计算该公司本年销货成本。

(4)假定本年营业收入为960万元,应收账款以外的其他速动资产忽略不计,计算该公司应收账款周转期。

2.【资料】某公司××年度简化的资产负债表如下:

表2-1 资产负债表

××公司 ××年12月31日 单位:万元

资产		负债及所有者权益	
货币资金	50	应付账款	100
应收账款		长期负债	
存货		实收资本	100
固定资产		留存收益	100
资产合计		负债及所有者权益合计	

其他有关财务资料如下:

(1)长期负债与所有者权益之比:0.5

(2)销售毛利率:10%

(3)存货周转率(存货按年末数计算):9次

(4)平均收现期(应收账款按年末数计算,一年按360天计算):18天

(5)总资产周转率(总资产按年末数计算):2.5次

【要求】利用上述资料,填充该公司资产负债表的空白部分,并列示所填数据的计算过程。

3.【资料】某商业企业2009年度营业收入为2 000万元,营业成本为1 600万元;年初、年末应收账款余额分别为200万元和400万元;年初、年末存货余额分别为200万元和600万元;年末速动比率为1.2,年末现金与流动负债的比为0.7。假定该企业流动资产由速动资产和存货组成,速动资产由应收账款和现金类资产组成,一年按360天计算。

【要求】

(1)计算2009年应收账款周转天数。

(2)计算2009年存货周转天数。

(3)计算2009年年末流动负债余额和速动资产余额。

(4)计算2009年年末流动比率。

4.【资料】某公司2009年年末有关数据如下:

表 2-2　　　　　　　　　　　　　　　　　　　　　　　　　　　　单位:万元

项目	金额	项目	金额
货币资金 交易性金融资产 应收票据	300 200 102(年初 168)	短期借款 应付账款 一年内到期的长期负债 应付债券	200 200 100 950
应收账款	98(年初 82)	所有者权益	1 025(年初 775)
存货	500(年初 460)	营业收入	3 000
固定资产净值 无形资产	1 286(年初 214) 14	营业成本 营业利润 财务费用 税前利润 税后利润	2 400 600 10 90 54

【要求】

(1)根据以上资料,计算该公司 2009 年的流动比率、速动比率、存货周转率、应收账款周转天数、资产负债率、已获利息倍数、营业净利率、总资产报酬率(年初资产总额1 500 万元)、净资产收益率、三年资本平均增长率(2006 年年末所有者权益为 885.43 万元)。

(2)假设该公司同行业的各项比率的平均水平如下表所示,试根据(1)计算结果,对本公司财务状况作出简要评价。

表 2-3

比率名称	同行业平均水平
流动比率	2.0
速动比率	1.0
存货周转率	6 次
应收账款周转天数	30 天
资产负债率	40%
带息负债比率	60%
已获利息倍数	8
营业净利率	9%
总资产报酬率	6%
净资产收益率	10%
三年资产平均增长率	5%

5.**【资料】** 已知某公司 2009 年会计报表的有关资料如下:

表 2-4 金额单位：万元

资产负债表项目	年初数	年末数
资产	8 000	10 000
负债	4 500	6 000
所有者权益	3 500	4 000
利润表项目	上年数	本年数
主营业务收入净额	（略）	20 000
净利润	（略）	500

【要求】

(1)计算杜邦财务分析体系中的下列指标(凡计算指标涉及资产负债表项目数据的，均按平均数计算)：

①净资产收益率；

②总资产净利率；(保留三位小数)

③营业净利率；

④总资产周转率；(保留三位小数)

⑤权益乘数。

(2)用文字列出净资产收益率与上述其他各项指标之间的关系式，并用本题数据加以验证。

6.【资料】某企业上年主营业务收入净额为 6 900 万元，全部资产平均余额为 2 760 万元，流动资产平均余额为 1 104 万元：本年主营业务收入净额为 7 938 万元，全部资产平均余额为 2 940 万元，流动资产平均余额为 1 323 万元。

【要求】

(1)计算上年与本年的全部资产周转率(次)、流动资产周转率(次)和资产结构(流动资产占全部资产的百分比)。

(2)运用差额分析法计算流动资产周转率与资产结构变动对全部资产周转率的影响。

五、综合题

【资料】已知 MT 公司 2006 年年初所有者权益总额为 1 500 万元，该年的资本保值增值率为 125%(该年度没有出现引起所有者权益变化的客观因素)。2003 年年初负债总额为 4 000 万元，所有者权益是负债的 1.5 倍，该年的资本积累率为 150%，年末资产负债率为 0.25，负债的年均利率为 10%，全年固定成本总额为 975 万元，净利润为 1 005 万元，适用的企业所得税税率为 33%。

【要求】 根据上述资料,计算 MT 公司的下列指标:

(1)2006 年年末的所有者权益总额;

(2)2009 年年初的所有者权益总额;

(3)2009 年年初的资产负债率;

(4)2009 年年末的所有者权益总额和负债总额;

(5)2009 年年末的产权比率;

(6)2009 年的所有者权益平均余额和负债平均余额;

(7)2009 年的息税前利润;

(8)2009 年总资产报酬率;

(9)2009 年已获利息倍数。

第3章 资金筹集

一、单项选择题

1. 相对于股票筹资而言,银行借款的缺点是(　　)。
A. 筹资速度慢　　B. 筹资成本高
C. 借款弹性差　　D. 财务风险大
2. 相对于借款购置设备而言,融资租赁设备的主要缺点是(　　)。
A. 筹资速度较慢　　B. 融资成本较高
C. 到期还本负担重　　D. 设备淘汰风险大
3. 下列各项资金,可以利用商业信用方式筹措的是(　　)。
A. 国家财政资金　　B. 银行信贷资金
C. 其他企业资金　　D. 企业自留资金
4. 出租人既出租某项资产,又以该项资产为担保借入资金的租赁方式是(　　)。
A. 直接租赁　　B. 售后回租　　C. 杠杆租赁　　D. 经营租赁
5. 某企业赊销货物的信用条件是:20 日内付款, 给予 2% 的现金折扣,30 日内全部付清。这一信用条件可简略表示为(　　)。
A. "n/30,2/20"　　B. "2/20,n/30"
C. "20/2. n/30"　　D. "20/2.30/n"
6. 下列权利中,不属于普通股股东权利的是(　　)。
A. 公司管理权　　B. 分享盈余权
C. 优先认股权　　D. 优先分配剩余财产权
7. 下列筹资方式中,常用来筹措长期资金的是(　　)。
A. 商业信用　　B. 短期融资券
C. 应收账款转让　　D. 融资租赁
8. 假定甲企业的信用等级高于乙企业,则下列表述正确的是(　　)。
A. 甲企业的筹资成本比乙企业高　　B. 甲企业的筹资能力比乙企业强
C. 甲企业的债务负担比乙企业重　　D. 甲企业筹资风险比乙企业大
9. 某企业需借入资金 300 000 元。由于贷款银行要求将贷款数额的 20% 作为补偿性余额,故企业需向银行申请的贷款数额为(　　)。

A. 300 000 元　B. 360 000 元　C. 375 000 元　D. 336 000 元

10. 用线性回归法预测筹资需要量的理论依据是(　　)。

A. 筹资规模与业务量间的对应关系　B. 筹资规模与投资间的时间关系

C. 筹资规模与筹资方式间的对应关系　D. 长短期资金间的比例关系

11. 补偿性存款余额的约束使借款企业受到的影响是(　　)。

A. 增加了所需支付的借款利息额　B. 增加了实际可用借款额

C. 提高了实际借款利率　D. 降低了实际借款利率

12. 丧失现金折扣的机会成本的大小与(　　)。

A. 折扣百分比的大小呈反向变化

B. 信用期的长短呈同向变化

C. 折扣百分比的大小、信用期的长短均呈同方向变化

D. 折扣期的长短呈同方向变化

13. 企业采用贴现法从银行贷款,年利率10%,则该项贷款的实际年利率为(　　)。

A. 9%　B. 10%　C. 约11%　D. 12%

14. 企业取得2006年为期一年的周转信贷额为1 000万元,承诺费率为0.4%。2006年1月1日从银行借入500万元,8月1日又借入300万元,如果年利率8%,则企业2006年年末向银行支付的利息和承诺费共为(　　)万元。

A. 49.5　B. 51.5　C. 64.8　D. 66.7

15. 某企业按"2/10,n/45"的条件购进商品一批,若该企业放弃现金折扣优惠,而在信用期满时付款,则放弃现金折扣的机会成本为(　　)。

A. 20.99%　B. 28.82%　C. 25.31%　D. 16.33%

16. 公司增发普通股的市价为12元/股,筹资费率为市价的6%,最近刚发放的股利为每股0.6元,已知该股票的资金成本率为11%,则该股票的股利年增长率为(　　)。

A. 5%　B. 5.39%　C. 5.68%　D. 10.34%

17. 某公司发行面额为500万元的10年期债券,票面利率为12%,发行费用率为5%,公司所得税税率为25%。该债券采用溢价发行,发行价格为600万元,该债券的资金成本为(　　)。

A. 8.46%　B. 7.89%　C. 10.24%　D. 9.38%

18. 下列各项中属于商业信用的是(　　)。

A. 商业银行贷款　B. 应付账款　C. 应付工资　D. 融资租赁信用

19. 与股票筹资相比,债券筹资的特点是(　　)。

A. 筹资风险大　B. 资本成本高

C. 限制条件少　D. 分散经营控制权

20. 下列各项中,不属于融资租赁租金构成项目的是(　　)。

A. 租赁设备的价款　B. 租赁期间利息

C. 租赁手续费　D. 租赁设备维护费

21. 企业向租赁公司租入一台设备,价值500万元,租期为5年,租赁费综合率为

12%,若采用先付租金的方式,则平均每年支付的租金为(　　)万元。

A. 123.8　　B. 138.7　　C. 245.4　　D. 108.6

22. 一般而言,企业资金成本最高的筹资方式是(　　)。

A. 发行债券　　B. 长期借款　　C. 发行普通股　　D. 发行优先股

23. 在下列各项中,不属于商业信用融资内容的是(　　)。

A. 赊购商品　　B. 预收货款

C. 办理应收票据贴现　　D. 用商业汇票购货

24. 采用销售百分率法预测资金需要量时,下列项目中被视为不随销售收入的变动而变动的是(　　)。

A. 现金　　B. 应付账款　　C. 存货　　D. 公司债券

25. 在财务管理中,将资金划分为变动资金与不变资金两部分,并据以预测企业未来资金需要量的方法称为(　　)。

A. 定额预测法　　B. 比率预测法

C. 回归分析(资金习性)预测法　　D. 成本习性预测法

26. 相对于负债融资方式而言,采用吸收直接投资方式筹措资金的优点是(　　)。

A. 有利于降低资金成本　　B. 有利于集中企业控制权

C. 有利于降低财务风险　　D. 有利于发挥财务杠杆作用

27. 某企业按年利率4.5%向银行借款200万元,银行要求保留10%的补偿性余额,则该项贷款的实际利率为(　　)。

A. 4.95%　　B. 5%　　C. 5.5%　　D. 9.5%

28. 某公司拟发行面值为1 000元,不计复利,5年后一次还本付息,票面利率为10%的债券。已知发行时资金市场的年利率为12%,(P/F,10%,5)=0.6209,(P/F,12%,5)=0.5674。则该公司债券的发行价格为(　　)元。

A. 851.10　　B. 907.84　　C. 931.35　　D. 993.44

29. 相对于发行股票而言,发行公司债券筹资的优点为(　　)。

A. 筹资风险小　　B. 限制条款少

C. 筹资额度大　　D. 资金成本低

30. 相对于发行债券和利用银行借款购买设备而言,通过融资租赁方式取得设备的主要缺点是(　　)。

A. 限制条款多　　B. 筹资速度慢

C. 资金成本高　　D. 财务风险大

31. 企业在选择筹资渠道时,下列各项中需要优先考虑的因素是(　　)。

A. 资金成本　　B. 企业类型　　C. 融资期限　　D. 偿还方式

32. 在下列各项中,能够引起企业自有资金增加的筹资方式是(　　)。

A. 吸收直接投资　　B. 发行公司债券

C. 利用商业信用　　D. 留存收益转增资本

33. 在计算优先股成本时，下列各因素中，不需要考虑的是（　　）。

A. 发行优先股总额　　B. 优先股筹资费率

C. 优先股的优先权　　D. 优先股每年的股利

34. 根据财务管理理论，按照资金来源渠道不同，可将筹资分为（　　）。

A. 直接筹资和间接筹资　　B. 内源筹资和外源筹资

C. 权益筹资和负债筹资　　D. 短期筹资和长期筹资

35. 最佳资本结构是指企业在一定时期最适宜其有关条件下的（　　）。

A. 企业利润最大的资本结构

B. 企业目标资本结构

C. 风险最低的目标资本结构

D. 加权平均资金成本最低，企业价值最大的资本结构

36. 下列各项中，运用普通股每股利润（每股收益）无差别点确定最佳资金结构时，需计算的指标是（　　）。

A. 息税前利润　　B. 营业利润　　C. 净利润　　D. 利润总额

二、多项选择题

1. 相比较普通股筹资，留存收益筹资区别于普通股筹资的特点有（　　）。

A. 资金成本较普通股低　　B. 保持普通股股东的控制权

C. 增强公司的信誉　　D. 筹资限制少

2. 保留盈余的资本成本，正确的说法有（　　）。

A. 它不存在成本问题

B. 它的成本计算不考虑筹资费用

C. 它相当于股东投资于某种股票所要求的必要收益率

D. 在企业实务中一般不予考虑

3. 普通股的资金成本高于债券资金成本的原因包括（　　）。

A. 股利不能抵税

B. 股东的投资风险大于债券持有人的风险

C. 股票筹资要考虑筹资费

D. 股票筹资有固定的股利负担

4. 下列关于资金成本的说法中，正确的有（　　）。

A. 资金成本的本质是企业为筹集和使用资金而发生的代价

B. 资金成本并不是企业筹资决策中所要考虑的唯一因素

C. 资金成本的计算主要以年度的相对比率为计量单位

D. 资金成本可以视为项目投资或使用资金的机会成本

5. 下列成本费用中属于资金成本中的用资费用的有（　　）。

A. 借款手续费　　B. 股票发行费　　C. 利息　　D. 股利

6. 吸收直接投资的优点包括(　　)。

A. 有利于降低企业资金成本　　B. 有利于加强对企业的控制

C. 有利于壮大企业经营实力　　D. 有利于降低企业财务风险

7. 按卖方提供的信用条件,买方利用信用筹资需付出机会成本的情况有(　　)。

A. 卖方不提供现金折扣

B. 买方享有现金折扣

C. 放弃现金折扣,在信用期内付款

D. 卖方提供现金折扣,而买方逾期支付

8. 相对于发行债券筹资对企业而言,发行股票筹集资金的优点有(　　)。

A. 增强公司筹资能力　　B. 降低公司财务风险

C. 降低公司资金成本　　D. 筹资限制较少

9. 融资租赁的特点有(　　)。

A. 租赁期较长　　B. 不得任意中止租赁合同或契约

C. 租金较高　　D. 出租方提供设备维修和人员培训

10. 在短期借款的利息计算和偿还方法中,企业实际负担利率高于名义利率的有(　　)。

A. 利随本清法付息　　B. 贴现法付息

C. 贷款期内定期等额偿还贷款　　D. 到期一次偿还贷款

11. 商业信用筹资的优点主要表现为(　　)。

A. 筹资风险小　　B. 筹资成本低　　C. 限制条件少　　D. 筹资方便

12. 影响融资租赁每期租金的因素有(　　)。

A. 设备买价　　B. 融资租赁成本

C. 租赁手续费　　D. 租赁支付方式

13. 与股票筹资方式相比,银行借款筹资的优点包括(　　)。

A. 筹资速度快　　B. 借款弹性大

C. 使用限制少　　D. 筹资费用低

14. 普通股股东的管理权主要表现为(　　)。

A. 投票权　　B. 查账权

C. 阻止越权的权利　　D. 分享盈余权

15. 股票上市对公司的益处有(　　)。

A. 提高公司知名度　　B. 增加经理人员操作自由度

C. 保障公司的商业秘密　　D. 利用股票可收购其他公司

16. 从承租人的目的看,融资租赁是为了(　　)。

A. 通过租赁而融资　　B. 通过租赁取得短期使用权

C. 通过租赁而最后购入该设备　　D. 通过租赁增加长期资金

17. 优先股的优先权主要表现在(　　)。
A. 优先认股　B. 优先取得股息
C. 优先分配剩余财产　D. 优先行使投票权

18. 在计算个别资金成本时,不需要考虑所得税影响的有(　　)。
A. 债券成本　B. 银行成本
C. 普通股成本　D. 吸收直接投资

19. 下列各项中,属于“吸收直接投资”与“发行普通股”筹资方式所共有的缺点有(　　)。
A. 限制条件多　B. 财务风险大
C. 控制权分散　D. 资金成本高

20. 相对权益资金的筹资方式而言,长期借款筹资的缺点主要有(　　)。
A. 财务风险较大　B. 筹资成本较高
C. 筹资数额有限　D. 筹资速度较慢

21. 在计算个别资金成本时,需要考虑所得税抵减作用的筹资方式有(　　)。
A. 银行借款　B. 长期债券　C. 优先股　D. 普通股

22. 相对于普通股股东而言,优先股股东可以优先行使的权利有(　　)。
A. 优先认股权　B. 优先表决权
C. 优先分配股利权　D. 优先分配剩余财产权

23. 在下列各项中,属于企业筹资动机的有(　　)。
A. 设立企业　B. 企业扩张　C. 企业收缩　D. 偿还债务

24. 下列筹资活动会加大财务杠杆作用的有(　　)。
A. 增发普通股　B. 利用留存收益
C. 增发公司债券　D. 增加银行借款

25. 利用每股利润无差别点进行企业资本结构分析时,下列说法中正确的有(　　)。
A. 当预计息税前利润高于每股利润无差别点时,采用权益筹资方式比采用负债筹资方式有利
B. 当预计息税前利润高于每股利润无差别点时,采用负债筹资方式比采用权益筹资方式有利
C. 当预计息税前利润低于每股利润无差别点时,采用权益筹资方式比采用负债筹资方式有利
D. 当预计息税前利润等于每股利润无差别点时,两种筹资方式下的每股利润相同

26. 确定企业资金结构时(　　)。
A. 如果企业的销售不稳定,则可较多的筹措负债资金
B. 为了保证原有股东的绝对控制权,一般应尽量避免普通股筹资
C. 若预期市场利率会上升,企业应尽量利用短期负债
D. 所得税税率越高,举借负债利益越明显

三、判断题

1. 资金成本是指企业筹资付出的代价，一般用相对数表示，即资金占用费加上资金筹集费之和除以筹资总额。(　　)

2. 资金成本的计算正确与否，是影响筹资决策的主要因素，但不影响投资决策。(　　)

3. “财务费用”账户的发生额可以大体上反映企业资金成本的实际数额。(　　)

4. 采用贴现法付息时，企业实际可用的贷款额会增加，所以其实际利率会高于名义利率。(　　)

5. 补偿性余额的约束有助于降低银行贷款风险，但同时也减少了企业实际可动用借款额，提高了借款的实际利率。(　　)

6. 杠杆租赁的情况下，如果出租人不能按期偿还借款，那么资产的所有权就要转归资金出借者。(　　)

7. 企业发行债券时，相对于抵押债券，信用债券利率较高的原因在于其安全性差。(　　)

8. 融资租赁方式下，租赁期满，设备必须作价转让给承租人。(　　)

9. 某企业按年利率10%向银行借款，银行要求维持借款额的15%作为补偿性余额，则该项借款的实际利率为12.5%。(　　)

10. 与普通股筹资相比债券筹资的资金成本低，筹资风险高。(　　)

11. 发行债券筹资有固定的还本付息义务，要按期支付利息并且必须到期按面值一次偿还本金。(　　)

12. 留存收益是企业利润所形成的，所以留存收益没有资金成本。(　　)

13. 从出租人的角度来看，杠杆租赁与售后租回或直接租赁并无区别。(　　)

14. 与长期负债融资相比，流动负债融资的期限短、成本低，其偿债风险也相对较小。(　　)

15. 政府债券一般均属于信用债券。(　　)

16. 企业按照销售百分率法预测出来的资金需要量，是企业在未来一定时期资金需要量的增量。(　　)

17. 发行优先股的上市公司如不能按规定支付优先股股利，优先股股东有权要求公司破产。(　　)

18. 在各种资金来源中，凡是需支付固定性用资费用的资金都能产生财务杠杆作用。(　　)

19. 若债券利息率、筹资费率和所得税率均已确定，则企业的债务成本与发行债券的价格无关。(　　)

20. 在个别资金成本一定的情况下，综合资金成本取决于资金总额。(　　)

四、计算题

1.【资料】企业上年年末的资产负债表(简表)如下：

表 3-1　　　　　　　　　　　　　　　　　　　　　　　　单位:万元

项目	期末数	项目	期末数
流动资产合计	240	短期借款	46
		应付票据	18
		应付账款	25
长期投资净额	3	预提费用	7
		流动负债合计	96
固定资产合计	65	长期负债合计	32
无形资产及其他资产	12		
		股本	90
		资本公积	35
		留存收益	67
		股东权益合计	192
资产总计	320	权益总计	320

根据历史资料考察,销售收入与流动资产、固定资产、应付票据、应付账款和预提费用等项目成正比,企业上年度销售收入 4 000 万元,实现净利 100 万元,支付股利 60 万元。预计本年度销售收入 5 000 万元,销售净利率增长 10%,股利支付率与上年度相同。

【要求】

(1)采用销售百分比法预测外部融资额;

(2)假设其他条件不变,预计本年度销售净利率与上年度相同,董事会提议提高股利支付率 10% 以稳定股价,说明如果从外部融资 20 万元,你认为是否可行。

2.【资料】某企业 2006 年至 2010 年的产销量和资金需要数量如下表所示：

表 3-2 某企业产销量与资金需要量表

年度	产销量(X)(万吨)	资金需要量(Y)(万元)
2006	6.0	500
2007	5.5	475
2008	5.0	450
2009	6.5	520
2010	7.0	550

【要求】 若预测2011年的预计产销量为7.8万吨,试建立资金的回归直线方程,并预测2011年的资金需要量。

3.**【资料】** ABC公司2009年有关的财务数据如下:

表 3-3 单位:万元

项目	金额	占销售收入的百分比
流动资产	4 000	100%
长期资产	2 600	无稳定关系
资产合计	6 600	
短期借款	600	无稳定关系
应付账款	400	10%
长期负债	1 000	无稳定关系
实收资本	3 800	无稳定关系
留存收益	800	无稳定关系
负债及所有者权益合计	6 600	
销售额	4 000	100%
净利	200	5%
当年利润分配额	60	

【要求】 假设该公司实收资本一直保持不变,回答以下互不关联的两个问题:

(1)假设2010年计划销售收入为5 000万元,需要补充多少外部融资(保持目前的利润分配率、销售净利率不变)?

(2)若利润留存率为100%,销售净利率提高到6%,目标销售额为4 500万元,需要筹集补充多少外部融资(保持其他财务比率不变)?

4.**【资料】** 某公司向银行借入短期借款10 000元,支付银行贷款利息的方式同银行协商后的结果是:方案一:采用收款法付息,利息率为14%;方案二:采用贴现法付息,利息率为12%;方案三:利息率为10%,银行要求的补偿性余额比例为20%。

【要求】 如果你是该公司财务经理,判断你选择哪种借款方式,并说明理由。

5.**【资料】** 某公司拟发行一种面额为500元,年利率为10%,期限为5年的债券。假设市场利率为 8%。

【要求】

(1)计算到期一次还本付息方式下的发行价格;

(2)计算本金到期一次偿还,利息每年年末支付一次方式下的发行价格;

(3)计算本金到期一次偿还,利息每半年支付一次方式下的发行价格。

6.【资料】某企业购入 20 万元商品,卖方提供的信用条件为"2/10,n/30",若企业由于资金紧张,延至第 50 天付款。

【要求】计算放弃折扣的成本是多少。

7.【资料】某公司拟采购一批零件,价值 5 400 元,供应商规定的付款条件如下:

立即付款,付 5 238 元;第 20 天付款,付 5 292 元;第 40 天付款,付 5 346 元;第 60 天付款,付全额。每年按 360 天计算。

【要求】

(1)假设银行短期贷款利率为 15%,计算放弃现金折扣的成本(比率),并确定对该公司最有利的付款日期和价格。

(2)假设目前有一短期投资报酬率为 40%,确定对该公司最有利的付款日期和价格。

8.【资料】某公司 2009 年销售收入为 20 000 万元,销售净利润率为 12%,净利润的 60% 分配给投资者。2009 年 12 月 31 日的资产负债表(简表)如下:

表 3-4　资产负债表(简表)

2009 年 12 月 31 日　单位:万元

资产	期末余额	负债及所有者权益	期末余额
货币资金	1 000	应付账款	1 000
应收账款净额	3 000	应付票据	2 000
存货	6 000	长期借款	9 000
固定资产净值	7 000	实收资本	4 000
无形资产	1 000	留存收益	2 000
资产总计	18 000	负债及所有者权益总计	18 000

该公司 2010 年计划销售收入比上年增长 30%,为实现这一目标,公司需新增设备一台,价值 148 万元。据历年财务数据分析,公司流动资产与流动负债随销售额同比率增减。公司如需对外筹资,可按面值发行票面年利率为 10%,期限为 10 年,每年年末付息的公司债券解决。假定该公司 2010 年的销售净利率和利润分配政策与上年保持一致,公司债券的发行费用可忽略不计,适用的企业所得税税率为 25%。

【要求】

(1)计算 2010 年公司需增加的营运资金;

(2)预测 2010 年需要对外筹集资金量;

(3)计算发行债券的资金成本。

9.【资料】甲公司需用一台设备,买价 150 000 元,欲向 ABC 租赁公司租入,双方约定每半年末支付一次租金 2 万元，甲公司需用该设备 5 年，折现率为 6%。

【要求】

(1)试判断甲公司应自行购买还是租用此设备；

(2)若 ABC 公司欲收回 8% 的租赁成本，说明租期为多少才肯出租；(期数取整)

(3)若采用先付租金的方式，ABC 公司欲收回 8% 的租赁成本，说明租期为多少才肯出租。(期数取整)

10.【资料】某企业采用融资租赁方式从租赁公司租入设备，设备价款 100 万元，租期 6 年，到期后设备归企业所有。双方商定的折现率为 14%。现有两种付款方式可供企业选择：

(1)从租赁当年的年末起每年年末等额付款 25 万元；

(2)从租赁当年的年初起每年年初等额付款 23 万元。

【要求】

(1)计算企业应该支付的每年先付租金和后付租金是多少；

(2)根据(1)的计算结果判断企业选择何种付款方式较合理。

11.【资料】某公司拟筹资 5 000 万元，其中按面值发行债券 2 000 万元，票面利率为 10%，筹资费率 2%；发行优先股 800 万元，股息率为 12%，筹资费率 3%；发行普通股2 200 万元，筹资费率 5%，预计第一年股利率为 12%，以后每年按 4% 递增，所得税税率为 25%。

【要求】

(1)计算债券资金成本；

(2)计算优先股资金成本；

(3)计算普通股资金成本；

(4)计算综合资金成本。

12.【资料】MC 公司 2010 年年初的负债及所有者权益总额为 9 000 万元，其中，公司债券为 1 000 万元(按面值发行，票面年利率为 8%，每年年末付息，3 年后到期)；普通股股本为 4 000 万元(面值为 1 元，4 000 万股)；资本公积为 2 000 万元；其余为留存收益。

2010 年该公司为扩大生产经营规模，需要再筹集资金 1 000 万元，有以下两个筹资方案可供选择。方案一：增发普通股，预计每股发行价格为 5 元；方案二：增加发行同类公司债券，按面值发行，票面年利率为 8%。预计 2010 年可实现息税前利润 2 000 万元，适用所得税税率为 25%。

【要求】

(1)计算增发股票方案的下列指标：

①2010 年增发普通股股份数；

②2010 年全年债券利息。

(2)计算增发公司债券方案下的 2010 年全年债券利息。

(3)计算每股利润无差异点，并据此进行筹资决策。

五、综合题

1.【资料】某企业 2009 年 12 月 31 日的资产负债表(简表)如下:

表 3-5　　资产负债表(简表)

2009 年 12 月 31 日　　单位:万元

资产	期末数	负债及所有者权益	期末数
货币资金	300	应付账款	300
应收账款净额	900	应付票据	600
存货	1 800	长期借款	2 700
固定资产净值	2 100	实收资本	1 200
无形资产	300	留存收益	600
资产总计	5 400	负债及所有者权益总计	5 400

该企业 2009 年的主营业务收入净额为 6 000 万元,主营业务净利率为 10%,净利润的 50% 分配给投资者。预计 2010 年主营业务收入净额比上年增长 25%,为此需要增加固定资产 200 万元,增加无形资产 100 万元,根据有关情况分析,企业流动资产项目和流动负债项目将随主营业务收入同比例增减。

假定该企业 2010 年的主营业务净利率和利润分配政策与上年保持一致,该年度长期借款不发生变化;2010 年年末固定资产净值和无形资产合计为 2 700 万元。2010 年企业需要增加对外筹集的资金由投资者增加投入解决。

【要求】

(1)计算 2010 年需要增加的营运资金额。

(2)预测 2010 年需要增加对外筹集的资金额(不考虑计提法定盈余公积的因素;以前年度的留存收益均已有指定用途)。

(3)预测 2010 年年末的流动资产额、流动负债额、资产总额、负债总额和所有者权益总额。

(4)预测 2010 年的速动比率和产权比率。

(5)预测 2010 年的流动资产周转次数和总资产周转次数。

(6)预测 2010 年的净资产收益率。

(7)预测 2010 年的资本积累率和总资产增长率。

2.【资料】某公司 2010 年拥有资金 2 000 万元,其中,长期借款 800 万元,年利率 10%;权益资金 1 200 万元,股数 100 万股,上年支付的每股股利 2 元,预计股利增长率为 5%,目前价格为 20 元。该公司计划筹集资金 100 万元投入新的投资项目,新项目投产后预计可实现息税前盈余 480 万元,企业适用的所得税税率为 40%。有两种筹资方案:

方案一:增加长期借款 100 万元,借款利率上升到 12%,股价下降到 19 元,假设公司其他条件不变。

方案二:增发普通股 47 619 股,普通股市价增加到每股 21 元,假设公司其他条件不变。

【要求】根据以上资料:

(1)计算该公司筹资前加权平均资金成本。

(2)分别计算采用方案一和方案二后的加权平均资金成本。

(3)计算采用方案一和方案二后的每股利润无差别点。

(4)分别采用比较资金成本法和每股利润无差别点法确定该公司最佳的资金结构,并解释两者决策一致或不一致的原因是什么。

第4章 营运资金

一、单项选择题

1. 流动资产减去流动负债后的余额为(　　)。
   A. 毛营运资金　B. 净营运资金　C. 净资产　D. 存货
2. 现金周转期包括(　　)。
   A. 应收账款周转期和应付账款周转期
   B. 应收账款周转期和存货周转期
   C. 应付账款周转期和存货周转期
   D. 应收账款周转期、应付账款周转期和存货周转期
3. 企业置存现金的原因,主要是为了满足(　　)。
   A. 交易性、预防性、收益性需要　B. 交易性、投机性、收益性需要
   C. 交易性、预防性、投机性需要　D. 预防性、收益性、投机性需要
4. 企业在确定为应付紧急情况而持有的现金数额时,不需考虑的因素是(　　)。
   A. 企业愿意承担风险的程度　B. 企业临时举债能力的强弱
   C. 金融市场投资机会的多少　D. 企业对现金流量预测的可靠程度
5. 企业为满足未来现金流量的不确定性需要而持有现金的动机属于(　　)。
   A. 交易动机　B. 投机动机　C. 预防动机　D. 投资动机
6. 企业为满足交易动机而持有现金,所需考虑的主要因素是(　　)。
   A. 企业销售水平的高低　B. 企业临时举债能力的大小
   C. 企业对待风险的态度　D. 金融市场投机机会的多少
7. 下列有关现金的成本中,属于固定成本性质的是(　　)。
   A. 现金的持有成本　B. 占用现金的机会成本
   C. 转换成本中的证券过户费　D. 现金短缺成本
8. 关于现金持有成本正确的说法是(　　)。
   A. 企业因保留一定的现金余额而增加的管理费用及丧失的再投资收益
   B. 企业用现金购入有价证券以及转让有价证券换取现金时付出的交易费用
   C. 因现金持有量不足而无法通过有价证券变现加以补充给企业造成的损失
   D. 企业由于现金保管不当而造成的损失

9. 为了应付各种现金支付需要,企业确定的现金余额一般应(　　)。
A. 大于各种动机所需现金余额之和
B. 等于各种动机所需现金余额之和
C. 适当小于各种动机所需现金余额之和
D. 根据具体情况而定,不用考虑各动机所需现金余额之和

10. 下列项目中,属于持有现金的机会成本的是(　　)。
A. 现金管理人员工资　　B. 现金安全措施费用
C. 现金被盗损失　　D. 现金的再投资收益

11. 通常情况下,企业持有现金的机会成本(　　)。
A. 与现金余额成反比　　B. 与持有时间成反比
C. 是决策的无关成本　　D. 与现金余额成正比

12. 下列各项成本中,(　　)与现金持有量呈反向动态关系。
A. 机会成本　　B. 短缺成本　　C. 管理成本　　D. 储存成本

13. 成本分析模式下的最佳现金持有量是使以下各项成本之和最小的现金持有量(　　)。
A. 机会成本和转换成本　　B. 持有成本和转换成本
C. 机会成本和短缺成本　　D. 持有成本、短缺成本和转换成本

14. 存货模式下,最佳现金持有量应是(　　)之和保持最低的现金持有量。
A. 机会成本和短缺成本　　B. 机会成本和管理成本
C. 机会成本和转换成本　　D. 管理成本和转换成本

15. 在确定最佳现金持有量时,成本分析模式和存货模式均需考虑的因素是(　　)。
A. 持有现金的机会成本　　B. 固定性转换成本
C. 现金短缺成本　　D. 现金保管费用

16. 确定最佳现金持有量的成本分析模式和存货模式均不考虑的因素是(　　)。
A. 管理成本　　B. 机会成本　　C. 转换成本　　D. 短缺成本

17. 利用邮政信箱法和银行业务集中法进行现金回收管理的共同优点是(　　)。
A. 可以缩短支票邮寄时间　　B. 可以降低现金管理成本
C. 可以减少收账人员　　D. 可以缩短发票邮寄时间

18. 企业在进行现金管理时,可利用的现金浮游量是指(　　)。
A. 企业账户所记存款余额
B. 银行账户所记企业存款余额
C. 企业账户上现金余额与银行账户上所示的存款余额之差
D. 企业实际现金余额超过最佳现金持有量之差

19. 下列措施中,不能延缓现金支出时间的是(　　)。
A. 邮政信箱法　　B. 合理利用现金浮游量
C. 改进工资支付方式　　D. 推迟应付款的支付

20. 某企业5月5日采购材料时,销货方的现金折扣条件为“2/10,n/30”。该企业在

5月10日有能力付款,但直到5月15日才支付这笔款项。该企业是运用了现金日常管理策略中的( )。

A. 采用汇票付款　　B. 推迟应付款的支付

C. 使用现金浮游量　　D. 加速收款

21. 下列各项中,不属于应收账款成本构成要素的是( )。

A. 机会成本　B. 管理成本　C. 坏账成本　D. 短缺成本

22. 因资金占用在应收账款上而放弃的投资于其他方面的收益,称为应收账款的( )。

A. 管理成本　B. 坏账成本　C. 短缺成本　D. 机会成本

23. 下列各项中,属于应收账款机会成本的是( )。

A. 应收账款占用资金的应计利息　　B. 客户资信调查费用

C. 坏账损失　　D. 收账费用

24. 信用标准通常用( )来表示。

A. 信用期限　　B. 预期的坏账损失率

C. 折扣期限　　D. 现金折扣

25. 信用的"五C"系统中,资本是指( )。

A. 顾客的财务实力和财务状况,表明顾客可能偿还债务的背景

B. 指顾客拒付款项或无力支付款项时能被用作抵押的资产

C. 指影响顾客付款能力的经济环境

D. 指企业流动资产的数量和质量以及与流动负债的比例

26. 在影响客户资信程度的因素中,( )是决定企业是否给予客户信用的首要因素。

A. 资本　B. 抵押　C. 能力　D. 信誉

27. 下列各项中,不属于信用条件的是( )。

A. 信用期限　B. 现金折扣　C. 折扣期限　D. 信用等级

28. 对信用期限的叙述,正确的是( )。

A. 信用期限越长,企业坏账风险越小

B. 信用期限越长,表明客户享受的信用条件越优越

C. 延长信用期限,不利于销售收入的扩大

D. 信用期限越长,应收账款的机会成本越低

29. 企业在进行应收账款管理时,除了要合理确定信用标准和信用条件外,还要合理确定( )。

A. 现金折扣期间　　B. 现金折扣比率

C. 信用期间　　D. 收账政策

30. 在其他因素不变的情况下,企业采用积极的收账政策,可能导致的后果是( )。

A. 坏账损失增加　　B. 应收账款投资增加

C. 收账成本增加　　D. 平均收账期延长

31. 某企业规定的信用条件为“2/15,1/20,n/30”,一客户从该企业购入原材料,价值10 000 元,并于第19天付款,则该客户实际支付的货款为(　　)元。

A. 1 000　　B. 9 000　　C. 9 800　　D. 9 900

32. 某公司预计2002年应收账款的总计金额为3 000万元,必要的现金支付为2 100万元,应收账款收现以外的其他稳定可靠的现金流入总额600万元,则该公司2002年的应收账款收现保证率为(　　)。

A. 70%　　B. 20.75%　　C. 50%　　D. 28.57%

33. 下列进货成本中属于变动性成本的是(　　)。

A. 采购部门管理费用　　B. 采购人员的工资

C. 采购人员的差旅费　　D. 预付订金的机会成本

34. 以下各项与存货有关的成本费用中,不影响经济进货批量的是(　　)。

A. 专设采购机构的基本开支　　B. 采购员的差旅费

C. 存货资金占用数　　D. 存货的保险费

35. 下列项目中,属于存货机会成本的是(　　)。

A. 存货占用资金应计利息　　B. 存货的采购成本

C. 存货每次进货费用　　D. 存货的保险费用

36. 下列项目中,属于存货储存成本的是(　　)。

A. 进货差旅费　　B. 存货储存利息成本

C. 由于材料中断造成的停工损失　　D. 入库检验费

37. 下列属于存货缺货成本的是(　　)。

A. 因储存存货而发生的仓储费用　　B. 因储存存货而发生的入库搬运费

C. 存货残损霉变损失　　D. 成品供应中断丧失的销售机会的损失

38. 下列存货储存成本与决策无关的是(　　)。

A. 存货资金的应计利息　　B. 存货残损或变质损失

C. 仓库折旧费　　D. 存货的保险费用

39. 在供货企业不提供数量折扣的情况下,影响经济进货批量的因素是(　　)。

A. 采购成本　　B. 储存成本中的固定成本

C. 进货成本中的固定成本　　D. 进货成本中的变动成本

40. 实行数量折扣的经济进货批量模式应考虑的成本因素是(　　)。

A. 进货费用和储存成本　　B. 进货成本和储存成本

C. 进价成本和储存成本　　D. 进货费用、储存成本和缺货成本

41. 基本模式下的存货经济进货批量的决定因素不包括(　　)。

A. 变动性进货费用　　B. 变动性储存成本

C. 机会成本　　D. 存货的进价

42. 下列各项中,与经济进货批量无关的因素是(　　)。

A. 每日消耗量　　B. 每日供应量

C. 储存的变动成本　　D. 交货期

43. 某企业全年需要耗用某材料 1 600 吨,单位储存成本为 2 元,每次的订货成本为 900 元,则该批材料的经济进货批量为(　　)吨。

A. 4 000　　B. 1 000　　C. 1 200　　D. 1 600

44. 某企业全年需要 A 材料 400 件,每次的订货成本为 10 元,每件材料的年储存成本为 5 元,则每年最佳订货次数为(　　)次。

A. 10　　B. 8　　C. 5　　D. 4

45. 关于存货保利储存天数,下列说法正确的是(　　)。

A. 同每日变动储存费成反比　　B. 同固定储存费成正比

C. 同目标利润成正比　　D. 同销售毛利无关

46. 采用 ABC 法对存货进行控制时,应当重点控制的是(　　)。

A. 数量较多的存货　　B. 占用资金较多的存货

C. 品种较多的存货　　D. 库存时间较长的存货

47. 在对存货实行 ABC 分类管理的情况下,ABC 三类存货的品种数量比重大致为(　　)。

A. 0.7∶0.2∶0.1　　B. 0.1∶0.2∶0.7

C. 0.5∶0.3∶0.2　　D. 0.2∶0.3∶0.5

二、多项选择题

1. 企业的流动资产具有的特点有(　　)。

A. 流动性较强

B. 各种不同形态的流动资产在空间上并存

C. 数量上具有波动性

D. 投资回收期比较长

2. 流动负债融资具有的特点有(　　)。

A. 利息成本较低　　B. 融资速度快

C. 融资风险小　　D. 企业选择的余地较大

3. 企业在确定为应付紧急情况而持有现金数额时,需考虑的因素有(　　)。

A. 企业销售水平的高低　　B. 企业临时举债能力的强弱

C. 金融市场投资机会的多少　　D. 企业现金流量预测的可靠程度

4. 企业持有现金的成本包括(　　)。

A. 历史成本　　B. 短缺成本　　C. 持有成本　　D. 转换成本

5. 现金持有成本包括(　　)。

A. 管理费用　　B. 再投资收益

C. 委托买卖佣金　　D. 短缺现金的损失

6. 确定最佳现金持有量的模式主要包括(　　)。

A. 现金周转期模式　　B. 线性模式

C. 成本分析模式　　D. 存货模式

7. 成本分析模式下,与最佳现金持有量有关的成本包括(　　)。
A. 机会成本　　B. 管理成本　　C. 转换成本　　D. 短缺成本

8. 用存货模式分析确定最佳现金持有量时,应予考虑的成本费用项目有(　　)。
A. 现金管理费用　　B. 现金与有价证券的成本
C. 持有现金的机会成本　　D. 现金短缺成本

9. 企业延期支付账款的方法包括(　　)。
A. 合理利用现金浮游量　　B. 推迟支付应付款
C. 采用汇票付款　　D. 改进工资支付方式

10. 企业因持有应收账款而发生的成本有(　　)。
A. 机会成本　　B. 管理成本
C. 现金折扣成本　　D. 坏账成本

11. 应收账款的管理成本包括(　　)。
A. 资信调查费用
B. 收账费用
C. 应收账款无法收回带来的损失
D. 资金投放在应收账款上而丧失的其他收入

12. 下列各项中,属于信用政策包括的内容有(　　)。
A. 信用标准　　B. 信用期限
C. 现金折扣期限和折扣率　　D. 收账政策

13. 按照"五 C"系统评估法,调查客户资信程度应考虑的因素有(　　)。
A. 客户的债权人　　B. 客户的资本
C. 客户的信用品质　　D. 客户的偿付能力

14. 信用标准过高导致的结果有(　　)。
A. 降低违约风险　　B. 降低收账费用
C. 降低销售水平　　D. 影响企业竞争能力

15. 对信用标准进行定量分析,是为了解决(　　)的问题。
A. 确定客户拒付账款的风险,即坏账损失率
B. 具体确定客户的信用等级
C. 扩大销售收入
D. 降低销售成本

16. 下列有关信用期限的表述中,正确的有(　　)。
A. 缩短信用期限可能增加当期现金流量
B. 延长信用期限会扩大销售
C. 降低信用标准意味着将延长信用期限
D. 延长信用期限将增加应收账款的机会成本

17. 企业确定信用条件时,应当考虑的因素主要有(　　)。
A. 信用期限长短与预期销售量的关系

B. 信用期限长短与预期坏账损失的关系
C. 现金折扣的成本
D. 现金折扣后的预期收益

18. 提供比较优惠的信用条件,可增加销售量,但也会付出一定代价,主要有(   )。
A. 应收账款机会成本
B. 收账费用
C. 坏账损失
D. 现金折扣成本

19. 下列对现金折扣的表述正确的有(   )。
A. 折扣率越高,赊销企业付出的代价越低
B. 规定现金折扣能增加企业的销售额
C. 现金折扣是销售量大而给予的价格优惠
D. 规定现金折扣的目的是为了加快应收账款的收回

20. 某企业给予客户的信用条件为"2/15,n/30",则下列说法正确的有(   )。
A. 数量折扣率为2%
B. 现金折扣率为2%
C. 折扣期限为15天
D. 信用期限为30天

21. 企业如果采用较为积极的收账政策可能会(   )。
A. 增加应收账款投资
B. 减少坏账损失
C. 减少应收账款投资
D. 增加坏账损失

22. 储备存货的有关成本包括(   )。
A. 进货成本 B. 储存成本 C. 缺货成本 D. 销售成本

23. 以下属于缺货成本的有(   )。
A. 材料供应中断而引起的停工损失
B. 材料供应中断而引起的信誉损失
C. 成品供应中断而引起的信誉损失
D. 成品供应短缺而引起的销售机会的丧失

24. 通常,在基本模型下确定经济批量时,应考虑的成本有(   )。
A. 采购成本 B. 进货费用 C. 储存成本 D. 缺货成本

25. 在确定经济进货批量时,下列表述中正确的有(   )。
A. 随每次进货批量的变动,进货费用和储存成本成反方向变化
B. 储存成本的高低与每次进货批量成正比
C. 订货成本的高低与每次进货批量成反比
D. 年变动储存成本与年变动进货费用相等时的采购批量,即为经济进货批量

26. 存货成本中与订货批量紧密相关的项目是(   )。
A. 购置成本 B. 变动成本 C. 订货成本 D. 储存成本

27. 某企业甲材料采用批进批出方式,影响该材料获利或亏损额的因素有(   )。
A. 变动储存费
B. 固定储存费
C. 保本储存天数
D. 实际储存天数

28. ABC 分类法对存货分类的依据是(　　)。

A. 存货金额比重　　B. 存货品种比重

C. 库存时间　　D. 库存地点

三、判断题

1. 营运资金就是流动资产。(　　)

2. 现金循环周期的变化会直接影响所需营运资金的数额。一般来说,存货周转期、应收账款周转期和应付账款周转期越短,所需营运资金就越少。(　　)

3. 企业的流动资产越少,流动负债越多,企业的短期偿债能力越强。(　　)

4. 企业持有的现金总额通常小于各种动机所需现金余额之和。且各种动机所需保持的现金,并不要求必须是货币形态。(　　)

5. 企业现金持有量过多会降低企业的收益水平。(　　)

6. 现金管理的目标就是在现金的流动性与收益性之间进行权衡选择。企业应把闲置现金投入到流动性高、风险低、交易期限短的金融工具中,以期获得较多的收入。(　　)

7. 预防性现金需要是指持有现金以防发生意外的支付,它与企业现金流量的确定性以及企业的借款能力有关。(　　)

8. 如果企业借款能力较强,保障程度较高,则可适当增加预防性现金的数额。(　　)

9. 企业持有现金所发生的管理费用是一种固定成本,与现金持有量之间无明显的比例关系。(　　)

10. 现金的短缺成本随现金持有量的增加而增加,随现金持有量的减少而减少,即与现金持有量成正相关。(　　)

11. 现金持有成本中的再投资收益与持有现金量的多少成反方向变化。(　　)

12. 在利用存货模式计算最佳现金持有量时,一般不考虑机会成本。(　　)

13. 在利用成本分析模式和存货模式确定现金最佳持有量时,都可以不考虑现金管理成本的影响。(　　)

14. 采用邮政信箱法或银行业务集中法可以缩短收现时间的原因是这两种方法可以使企业加速支票邮寄时间、支票停留时间和支票结算时间。(　　)

15. 银行业务集中法能加速现金回收,但只有当分散收账收益净额为正数时企业采用此法才有利,否则会得不偿失。(　　)

16. 赊销是扩大销售的重要手段之一,企业应尽可能放宽信用条件,增加赊销量。(　　)

17. 从财务管理的角度看,顾客是否按期付款,会影响到应收账款的成本的高低。(　　)

18. 确定信用标准时采用的"五 C"分析系统中的"能力"一项,是指客户的财务实力和财务状况,表明顾客可能偿还债务的能力。(　　)

19. 信用标准是客户获得企业商业信用所应具备的最低条件。(　　)

20. 信用标准是信用条件的一个重要组成部分。(　　)

21. 通常,延长信用期限,会增加企业的销售额;缩短信用期限,会减少企业的信用成本。(　　)

22. 现金折扣是企业为了鼓励客户多购买商品而给予的价格优惠,每次购买的数量越多,价格就越便宜。(　　)

23. 一般而言,企业收账的支出越大,收账措施越有力,可收回的账款也越多,坏账损失也越小,所以企业应不惜一切代价催收欠款。(　　)

24. 通过应收账款账龄分析,编制账龄分析表,可以了解各顾客的欠款金额、欠款期限和偿还欠款的可能时间。(　　)

25. 对应收账款实施追踪分析的重点应放在赊销商品的销售与变现方面。(　　)

26. 确定应收账款收现保证率的目的是为了确定应收账款最高收现水平的控制标准。(　　)

27. 存货的经济进货批量是指能使一定时期存货的相关总成本最低的批量。(　　)

28. 进货成本与储存成本都是与存货经济批量相关的成本。(　　)

29. 一般来说,在企业生产和销售计划已经确定的情况下,存货量大小取决于每次进货数量。(　　)

30. 如果企业允许缺货,缺货成本便与决策无关。(　　)

31. 保本保利储存期对存货损益情况的分析只能建立在批进批出的前提条件上。(　　)

32. 一般而言,当某种存货品种数量比重达到 70% 左右时,可将其划分为 A 类存货,进行重点管理和控制。(　　)

四、计算题

1. 练习成本分析模式下最佳现金持有量的计算

【资料】 某企业现有 A、B、C 三种现金持有方案,有关资料如下。(单位:万元)

表 4-1

项　目	A	B	C
现金持有量	100	200	400
机会成本率	10%	10%	10%
短缺成本	56	25	10

【要求】 计算该企业的最佳现金持有量。

2. 练习存货模式下最佳现金持有量的计算

【资料】 已知:某公司现金收支平稳,预计全年(按 360 天计算)现金需要量为 1 600 000元,现金与有价证券的转换成本为每次 1 000 元,有价证券年利率为 8%。

【要求】

(1)计算最佳现金持有量。

(2)计算最佳现金持有量下的全年现金管理总成本、全年现金转换成本和全年现金持有机会成本。

(3)计算最佳现金持有量下的全年有价证券交易次数和有价证券交易间隔期。

3. 练习应收账款机会成本的计算

【资料】某企业预测年度赊销收入净额为600万元,应收账款周转天数为50天,变动成本率为60%,资金成本率为8%。

【要求】

(1)计算该企业维持赊销业务所需要的资金。

(2)计算应收账款的机会成本。

4. 练习收账政策的计算

【资料】某企业只生产销售一种产品,每年赊销额为240万元,该企业产品变动成本率为80%,资金利润率为25%,企业现有A、B两种收账政策可供选用。有关资料如下表所示:

表4-2

项目	A政策	B政策
平均收账期(天)	60	45
坏账损失率(%)	3	2
应收账款平均余额(万元)		
收账成本:	×××	×××
应收账款机会成本(万元)		
坏账损失(万元)		
年收账费用(万元)	1.8	3.2
收账成本合计		

【要求】

(1)计算填列表中的空白部分(一年按360天计算)。

(2)对上述收账政策进行决策。

5. 练习应收账款收现保证率的计算

【资料】某企业预期全年必须以现金支付的款项有:工人工资300万元,应纳税款150万元,应付账款60万元,其他现金支出30万元。预计该期稳定的现金回收数是200万元。应收账款总计金额为1 000万元。

【要求】计算该企业当期必须收回多少应收账款,才能最低限度保证当期必要的现金支出。

6. 练习经济进货批量的计算

【资料】某公司本年度需耗用乙材料36 000件,该材料单位采购成本为200元,单位年度储存成本为16元,平均每次进货费用为2 000元。

【要求】

(1)计算本年度乙材料的经济进货批量。

(2)计算本年度乙材料经济进货批量下的相关总成本。

(3)计算本年度乙材料经济进货批量下的平均资金占用额。

(4)计算本年度乙材料最佳进货批次。

7. 练习数量折扣下经济进货批量的计算

【资料】某企业全年需外购甲零件1 200件,每批进货费用为400元,单位零件的年储存成本为6元,该零件每件价格10元。销售企业规定:客户每批购买量不足600件,按标准价格计算,每批购买量超过600件,价格优惠2%。

【要求】计算进货批量为多少时,才是有利的。

8. 练习保本、保利储存期的计算

【资料】某商品流通企业批进批出一批商品共3 000件,该商品单位进价70元(不含增值税),单位售价为100元(不含增值税),经销该批商品的固定性费用为25 000元。已知,该商品的进货款来自于银行贷款,年利率为9%,商品的月保管费用率为2%,流转环节的税金及附加为10 000元。(一年按360天计算)

【要求】

(1)计算该批商品的保本储存天数。

(2)计算在投资利润率为4%时该批商品的保利期天数。

(3)计算实际储存期为200天时的实际利润。

五、综合题

1.【资料】某企业2009年A产品销售收入为4 000万元,总成本为3 000万元,其中固定成本为600万元。

2010年该企业有两种信用政策可供选用:

甲方案给予客户60天信用期限(n/60),预计销售收入为5 000万元,货款将于第60天收到,其信用成本为140万元;

乙方案的信用政策为(2/10,1/20,n/90),预计销售收入为5 400万元,将有30%的货款于第10天收到,20%的货款于第20天收到,其余50%的货款于第90天收到(前两部分货款不会产生坏账,后一部分货款的坏账损失率为该部分货款的4%),收账费用为50万元。

该企业A产品销售额的相关范围为3 000万元~6 000万元,企业的资金成本率为8%(为简化计算,本题不考虑增值税因素)。

【要求】

(1)计算该企业2009年的下列指标：

①变动成本总额；

②以销售收入为基础计算的变动成本率。

(2)计算乙方案的下列指标：

①应收账款平均收账天数；

②应收账款平均余额；

③维持应收账款所需资金；

④应收账款机会成本；

⑤坏账成本；

⑥采用乙方案的信用成本。

(3)计算以下指标：

①甲方案的现金折扣；

②乙方案的现金折扣；

③甲乙两方案信用成本前收益之差；

④甲乙两方案信用成本后收益之差。

(4)为该企业作出采取何种信用政策的决策，并说明理由。

2.【资料】某企业产品在香港生产，国内销售。预计年需要200 000件，每件购进单价为420元(包括运费)。与订购和储存这些产品相关的资料如下：

(1)去年订单共30份，总处理成本21 000元，其中固定成本17 400元，估计未来成本性态不变。

(2)香港至内地已免除关税，但对于每张订单都要检查，费用为380元。

(3)产品运至内地，接受部门要检查。为此雇佣一名检验人员，每月工资2 000元，每个订单检验工作需要10小时，发生变动费用每小时2.5元。

(4)公司租借仓库来储存产品，估计成本为每年3 000元，另外加上每件产品5元。

(5)在储存过程中会出现破损，估计破损成本为每件27.50元。

(6)占用资金利息等其他储存成本为每件20元。

【要求】

(1)计算经济进货批量公式中的订货成本。

(2)计算经济进货批量公式中的储存成本。

(3)计算经济进货批量。

(4)计算每年与批量相关的存货总成本。

(5)计算每年与储备存货的相关总成本。

第5章 项目投资

一、单项选择题

1. 在下列指标中不属于贴现的指标是(　　)。

A. 净现值　B. 现值指数　C. 投资回收期　D. 内部报酬率

2. 包括建设期的静态投资回收期是(　　)。

A. 净现值为零的年限　B. 净现金流量为零的年限

C. 累计净现值为零的年限　D. 累计净现金流量为零的年限

3. 下列投资项目评价指标中,不受建设期长短、投资回收时间先后及现金流量大小影响的评价指标是(　　)。

A. 投资回收期　B. 投资利润率　C. 净现值率　D. 内部收益率

4. 假定某项目的原始投资在建设期初全部投入,其预计的净现值率为15%,则该项目获利指数是(　　)。

A. 6.67　B. 1.15　C. 1.5　D. 1.125

5. 一般来说,流动资金回收发生于(　　)。

A. 建设起点　B. 投产起点

C. 项目终结点　D. 经营期的任一时点

6. 无论何种更新改造项目均可使用的投资决策方法是(　　)。

A. 净现值法　B. 净现值率法

C. 投资回收期法　D. 差额内部收益率法

7. 假定有A、B两个投资方案,它们的投资额相同,各年的现金流量总和也相等,但A方案的现金流量逐年递增,B方案的现金流量逐年递减,如果考虑资金时间价值,下列表述正确的是(　　)。

A. A方案与B方案等价　B. A方案优于B方案

C. B方案优于A方案　D. 不能确定

8. 投资利润率的分母是(　　)。

A. 建设投资　B. 原始投资　C. 固定资产原值　D. 投资总额

9. 投资回收期是指回收(　　)所需要的全部时间。

A. 建设投资　B. 原始总投资　C. 固定资产原值　D. 投资总额

10. 如果 A、B 两个投资方案的净现值相同,则(　　)。

A. A 方案优于 B 方案

B. B 方案优于 A 方案

C. A 方案与 B 方案都符合项目可行的必要条件

D. 无法判断方案的好坏

11. 下列关于净现值的表述中,不正确的是(　　)。

A. 净现值是项目计算期内各年现金净流量现值的代数和

B. 净现值考虑了货币的时间价值

C. 现金流入量的贴现值大于现金流出量的贴现值

D. 净现值大于 0,项目可行;净现值小于 0,项目不可行

12. 经营现金流出的内容应包括(　　)。

A. 本期现销收入　　B. 本期赊销收入

C. 付现成本　　D. 残值收入

13. 对于多个互斥方案的比较和优选,采用年等额净现值指标时(　　)。

A. 选择投资额较大的方案为最优方案

B. 选择投资额较小的方案为最优方案

C. 选择年等额净现值最大的方案为最优方案

D. 选择年等额净现值最小的方案为最优方案

14. 某企业投资方案的年税后利润为 40 万元,年折旧额为 20 万元,则该投资方案的年现金净流量为(　　)万元。

A. 40　　B. 50　　C. 60　　D. 70

15. 当贴现率为 12%,某项目的净现值为 450 万元,则说明该项目的内部报酬率(　　)。

A. 高于 12%　　B. 等于 12%　　C. 低于 12%　　D. 无法确定

16. 净现值大于零时意味着(　　)。

A. 投资的报酬率大于预定的贴现率

B. 投资的报酬率小于预定的贴现率

C. 投资的报酬率等于预定的贴现率

D. 现金流入量的贴现值小于现金流出量的贴现值

17. 内部报酬率小于预定的贴现率时意味着(　　)。

A. NPV > 0　　B. PI < 1　　C. NPVR > 0　　D. IRR > i

二、多项选择题

1. 项目投资方式包括(　　)。

A. 一次投入　　B. 建设期和经营期混合投入

C. 分次投入　　D. 仅在经营期投入

2. 下列属于计算现金流量假设的有(　　)。

A. 所有投资资金均为自有资金

B. 所有现金流量的各指标均为时期指标

C. 影响现金流量的各指标均为已知常数

D. 所有投资均发生在建设期

3. 完整的工业投资项目的资金流入主要包括(　　)。

A. 营业收入　　B. 回收固定资产变现净值

C. 固定资产折旧　　D. 回收流动资金

4. 某投资项目终结点年度税后利润为 100 万元,折旧为 10 万元,回收流动资金 20 万元,回收固定资产残值 5 万元,下列表述正确的有(　　)。

A. 回收额为 25 万元　　B. 回收额为 5 万元

C. 经营净现金流量为 110 万元　　D. 终结点净现金流量为 135 万元

5. 采用净现值法评价投资项目的可行性时,所采用的折现率通常有(　　)。

A. 投资项目的资金成本率　　B. 投资机会成本率

C. 行业平均资金收益率　　D. 投资项目的内部收益率

6. 下列属于计算现金流量的假设有(　　)。

A. 财务可行性假设　　B. 全投资假设

C. 项目计算期和折旧期一致假设　　D. 时点指标假设

7. 投资决策评价的主要指标有(　　)。

A. 净现值　　B. 静态投资回收期

C. 投资利润率　　D. 内部收益率

8. 不会影响投资利润率的指标有(　　)。

A. 建设期　　B. 投资方式　　C. 回收额　　D. 净现金流量

9. 能够影响所有动态指标的因素有(　　)。

A. 建设期长短　　B. 投资方式

C. 各年净现金流量的数量　　D. 折现率

10. 利用差额内部收益率进行更新改造项目的投资决策时,应当更新改造的原则有(　　)。

A. 差额内部收益率大于基准收益率或设定的折现率

B. 差额内部收益率小于基准收益率或设定的折现率

C. 基准收益率或设定的折现率大于差额内部收益率

D. 基准收益率或设定的折现率小于差额内部收益率

11. 当某项长期投资方案的净现值大于零时,则可以说明(　　)。

A. 该方案贴现后现金流入大于贴现后现金流出

B. 该方案的内部收益率大于预定的折现率

C. 该方案的获利指数一定大于 1

D. 该方案为可行方案

12. 影响内部收益率大小的因素有(　　)。
A. 营业现金流量　B. 建设期长短
C. 投资项目有效年限　D. 原始投资金额
13. 净现值法的优点有(　　)。
A. 考虑了资金时间价值
B. 考虑了投资项目的全部现金流量
C. 有利于企业尽快收回投资
D. 能够反映项目的实际投资报酬率
14. 某投资项目的获利指数为1.45,则下列表述正确的有(　　)。
A. 项目净现值大于0
B. 净现值率等于0.45
C. 内部收益率大于计算获利指数时设定的折现率
D. 项目回收期大于设定的基准回收期
15. 在不考虑所得税的情况下,下列公式能计算出营业现金流入量的有(　　)。
A. 营业现金流入量 = 利润 - 折旧
B. 营业现金流入量 = 利润 + 折旧
C. 营业现金流入量 = 销售收入 - 付现成本
D. 营业现金流入量 = 销售收入 - 营业成本 + 折旧
16. 下列项目投资决策评价指标中,其数值越大越好的指标有(　　)。
A. 净现值率　B. 投资回收期　C. 内部报酬率　D. 现值指数
17. 评价投资方案的投资回收期指标的主要缺点有(　　)。
A. 不能衡量企业的投资风险
B. 没有考虑资金时间价值
C. 没有考虑回收期后的现金流量
D. 不能衡量投资方案投资报酬率的高低
18. 下列各项中表述正确的有(　　)。
A. 投资回收期指标没有考虑回收期后的现金流量问题
B. 非贴现指标是辅助指标
C. 贴现指标本身就能说明投资项目是否可行
D. 非贴现指标没有考虑货币的时间价值,会夸大项目的收益
19. 净现值法的缺点有(　　)。
A. 没有考虑资金时间价值
B. 没有考虑项目计算期的全部净现金流量
C. 当原始投资不相等时,难以确定最优的项目
D. 不能反映投资项目的实际投资收益率水平
20. 下列指标不能直接反映投资项目的实际收益水平的有(　　)。
A. 净现值　B. 内部报酬率　C. 净现值率　D. 获利指数

三. 判断题

1. 财务管理上讲的项目投资,就是固定资产投资。(　　)

2. 项目计算期等于建设期与经营期之和。(　　)

3. 投资项目的现金流量仅包括货币资源的投入或产出。(　　)

4. 只要经营期的前几年经营净现金流量相等,均可用原始投资额除以年经营净现金流量计算出不包括含建设的投资回收期。(　　)

5. 包含建设期的投资回收期一定大于不包括建设期的投资回收期。(　　)

6. 如果没有特殊说明,均假定回收的流动资金等于原垫支的流动资金。(　　)

7. 净现金流量只发生在经营期限,建设期没有净现金流量。(　　)

8. 建设期的净现金流量均小于零。(　　)

9. 经营期内部的净现金流量一定大于零。(　　)

10. 项目现金流量表可以按照财务会计现金流量表的方法和思路编制。(　　)

11. 当项目建设期不为零,建设期净现金流量的数量特征取决于投资方式。(　　)

12. 投资利润率与投资回收期的共同缺陷是均没有考虑资金时间价值。(　　)

13. 经营期净现金流量现值总和与建设期现金流量现值总和的差,即为净现值。(　　)

14. 在多方案的比较选优过程中,净现值大的方案,其净现值率也一定较大。(　　)

15. 年等额净回收额法既适用于项目计算期不同的项目比较与优选,也适用于项目计算期相同的项目比较与优选。(　　)

16. 内部收益率的大小与事先设定的折现率的高低无关。(　　)

17. 之所以说净现值指标考虑了投资的风险性,是因为净现值的计算考虑了资金时间价值。(　　)

18. 净现值与净现值率的共同缺点是均不能反映投资项目的实际收益率。(　　)

19. 多个互斥方案的比较与优选,目的是评价多个方案的可行性。(　　)

20. 年等额净回收额法既适用于投资额不等项目的比较和优选,也适用于投资额相等项目的比较与优选。(　　)

四、计算题

1.【资料】某企业拟于2007年年初用自有资金购置设备一台,需要一次投资100万元,折旧期5年,设备投入运营后每年可新增净利润20万元。假设设备采用直线法折旧,预计的残值率为5%;已知(P/A,10%,5)=3.7908,(P/F,10%,5)=0.6209。不考虑建设期和公司所得税。

【要求】

(1)计算使用期内各年的净现金流量;

(2)计算设备的静态回收期；

(3)计算项目的投资利润率；

(4)如果以10%为折现率，计算其净现值。

2.【资料】某公司拟建造一项生产设备，预计建设期一年，所需固定资产投资200万元于建设起点一次投入。该设备预计使用寿命期5年，期满无残值，设备采用直线法折旧，投产后每年可增加净利润60万元。假设适用的行业基准折现率为10%。

【要求】

(1)确定该项目的计算期；

(2)计算项目的计算期内各年的净现金流量；

(3)计算项目的净现值，并评价项目的财务可行性。

3.【资料】某投资项目按16%的贴现率计算的净现值为90万元，按18%的贴现率计算的净现值为-10万元。企业资金成本为12%。

【要求】

(1)不用计算直接判断该项目是否具备财务可行性，并说明理由；

(2)计算该项目的内部收益率，并判断该项目是否具备可行性。

五、综合题

【资料】某企业拟进行一项固定资产投资，该项目的净现金流量表(部分)如下：

表5-1　现金流量表(部分)　单位：万元

	建设期		经营期					合计
时间	0	1	2	3	4	5	6	
净现金流量	-1 000	-1 000	100	1 000	(B)	1 000	1 000	2 900
累计净现金流量	-1 000	-2 000	-1 900	(A)	900	1 900	2 900	——
折现净现金流量	-1 000	-943.4	89	839.6	1 425.8	747.3	705	1 863.3

【要求】

(1)计算上表中用英文字母表示的项目的数值。

(2)计算或确定下列指标：

①静态回收期；

②净现值；

③原始投资现值；

④净现值率；

⑤获利指数。

(3)评价项目的财务可行性。

六、案例分析

伟华相机制造厂新建项目投资决策

【资料】伟华相机制造厂是一家生产相机的中型企业，该厂生产的相机质量优，价格合理，长期以来供不应求。为扩大生产能力，厂家准备新建一条生产流水线。负责这项投资决策工作的总会计师经过调查研究后，得到如下资料：

该生产线的原始投资为 12.5 万元，分两年投入。第一年年初投入 10 万元，余额在第二年年初投入。第二年年末项目完工后正式投产使用，投产后每年可生产相机 1 000 部，每部销售价格为 300 元，每年可获得销售收入 30 万元。投资项目可使用 5 年，5 年后残值可以达到 2.5 万元。在投资项目经营期间要垫支流动资金 2.5 万元，这笔资金在项目结束时可以全部收回。投资项目各年营业现金流量的计算过程如表 5-2 所示。

该项目生产的产品总成本的构成情况如下：材料费用 20 万元，制造费用 2 万元，人工费用 3 万元，折旧费用 2 万元。

表 5-2　　投资项目营业现金流量计算表　　单位：元

项目	第一年	第二年	第三年	第四年	第五年
销售收入	300 000	300 000	300 000	300 000	300 000
付现成本	250 000	250 000	250 000	250 000	250 000
其中：材料费用	200 000	200 000	200 000	200 000	200 000
人工费用	30 000	30 000	30 000	30 000	30 000
制造费用	20 000	20 000	20 000	20 000	20 000
折旧费用	20 000	20 000	20 000	20 000	20 000
税前利润	30 000	30 000	30 000	30 000	30 000
所得税（税率 25%）	7 500	7 500	7 500	7 500	7 500
税后利润	22 500	22 500	22 500	22 500	22 500
现金流量	42 500	42 500	42 500	42 500	42 500

总会计师通过对各项资金来源进行分析，得出该厂加权平均的资金成本为 10%。同时，还计算出该项目的营业现金流量、现金流量、净现金流量、净现值，并根据其计算的净现值认为该项目可行。有关数据如表 5-3、表 5-4 所示。

表 5-3　　投资项目现金流量计算表　　单位:元

项目	投资建设期		生产期				
	第一年	第二年	第一年	第二年	第三年	第四年	第五年
初始投资	100 000	25 000					
流动资金垫支		25 000					
营业现金流量			42 500	42 500	42 500	42 500	42 500
设备残值							25 000
流动资金收回							25 000
现金流量合计	100 000	50 000	42 500	42 500	42 500	42 500	92 500

表 5-4　　投资项目净现值计算表　　单位:元

时间	现金流量	10% 贴现系数	现值
建设期 0	-100 000	1.0000	-100 000
1	-50 000	0.9091	-45 455
2	42 500	0.8264	35 122
3	42 500	0.7513	31 930.25
4	42 500	0.6830	29 027.50
5	42 500	0.6209	26 388.25
6	92 500	0.5645	52 216.25
净现值			29 229.25

厂部中层干部意见:

(1)经营副总经理认为,在项目投资和使用期间,如通货膨胀率在 10%,将对投资项目各有关方面产生影响;

(2)基建处长认为,由于受物价变动因素的影响,初始投资额将增加 10%,投资项目终结后,设备残值也将增加到 37 500 元;

(3)生产处处长认为,由于物价变动的影响,材料费用每年将增加 14%,人工费用也将增加 10%;

(4)财务处处长认为,扣除折旧后的制造费用,每年将增加 4%,折旧费用每年仍为 20 000 元;

(5)销售处处长认为,产品销售价格预计每年将增加 10%。

【要求】

(1)说明影响伟华相机制造厂投资决策的因素;

(2)重新计算该投资项目的现金流量、净现值;

(3)根据计算结果,确定伟华相机制造厂的相机投资项目决策是否可行。

第6章 证券投资

一、单项选择题

1. 下列不属于证券的是(　　)。

A. 股票　　B. 股利　　C. 票据　　D. 债券

2. 股票投资与债券投资相比(　　)。

A. 收益小　　B. 价格波动小　　C. 风险高　　D. 变现能力差

3. 某公司发行的股票，预期报酬率为 20%，上一期支付的股利为每股 2 元，估计股利年增长率为 10%，则该种股票的价值为(　　)元。

A. 23　　B. 24　　C. 22　　D.18

4. 属于债券投资特点的是(　　)。

A. 求偿权居后　　B. 投资报酬较高

C. 投资者拥有一定的经营控制权　　D. 投资收益稳定

5. 某人以 40 元的价格购入一张股票，该股票上期的股利为每股 1 元，股利增长率为 2%，一年后以 50 元的价格出售，则该股票的投资收益率应为(　　)。

A. 2%　　B. 20%　　C. 21%　　D. 27.5%

6. 下列属于股票投资特点的是(　　)。

A. 投资收益稳定　　B. 投资风险较低

C. 投资报酬较高　　D. 投资者无权参与发行单位的经营管理

7. 下列属于债券价值计算基本模型的是(　　)。

A. $V = d/K$

B. $V = i \times F(P/A, K, n) + F \times (P/F, K, n)$

C. $V = d_0(1+g)/(K-g)$

D. $V = d_1/(K-g)$

8. 一般认为，企业进行长期债券投资的目的是(　　)。

A. 控制被投资企业　　B. 调剂现金余额

C. 获得稳定收益　　D. 增强资产流动性

9. 以满足季节性经营对现金需求为目的的证券投资，要求所投资的证券(　　)。

A. 收益要高　　B. 流动性好

C. 必须是所有权证券　　D. 必须是债权证券

10. 进行短期债券投资的主要目的是(　　)。

A. 获得稳定的收益　　B. 获取控制权

C. 调节现金余额　　D. 避免利息率风险

11. 某公司发行股票,预期报酬率为 10%,该股票上期的股利为每股 1 元,估计股利年增长率为 4%,则该种股票的价值为(　　)元。

A. 17.33　　B. 10　　C. 25　　D. 16.67

12. 某股票为零增长股,每股 2 元,市场利率为 8%,当股票市价低于 25 元时,则预期的报酬率(　　)8%。

A. 低于　　B. 高于　　C. 等于　　D. 不能确定

13. 折价发行的债券,其估价公式是(　　)。

A. $P = F \times (P/F,K,n) + I \times (P/A,K,n)$

B. $P = [F + (F \cdot i \cdot n)] \times (P/F,K,n)$

C. $P = F \times (P/F,K,n)$

D. $P = F \times i \times (P/F,K,n)$

14. 对证券持有人来说,证券发行人无法按期支付债券利息或偿还本金的风险是(　　)。

A. 流动性风险　　B. 系统风险　　C. 违约风险　　D. 购买力风险

二、多项选择题

1. 证券投资按其投资的对象不同,可以分为(　　)。

A. 债券投资　　B. 股票投资　　C. 组合投资　　D. 基金投资

2. 债券投资与股票投资相比(　　)。

A. 收益稳定性强　　B. 投资风险较小

C. 收益较高　　D. 没有经营控制权

3. 证券投资的目的包括(　　)。

A. 满足季节性经营对现金的需求　　B. 满足未来的财务需求

C. 充分利用闲置资金　　D. 为了取得对相关企业的控制权

4. 证券投资的程序包括(　　)。

A. 合理选择投资对象　　B. 成交　　C. 出售　　D. 委托买卖

5. 股票投资的特点包括(　　)。

A. 投资风险较大　　B. 投资者拥有一定的经营控制权

C. 投资收益稳定　　D. 投资报酬较高

6. 股票投资能够给投资人带来的现金流入包括(　　)。

A. 资本利得　　B. 股利　　C. 利息　　D. 出售价格

7. 下列属于固定收益证券的有(　　)。

A. 国库券　　B. 公司债券　　C. 优先股　　D. 普通股

8. 下列属于短期证券的有(　　)。

A. 短期国债　B. 商业票据　C. 普通股票　D. 银行承兑汇票

9. 以下可以通过短期投资实现的目的有(　　)。

A. 暂时存放闲置资金　B. 与筹集长期资金配合

C. 满足未来的财务需求　D. 满足季节性经营对现金的需求

10. 与股票投资相比,债券投资的主要缺点有(　　)。

A. 购买力风险大　B. 流动性风险大

C. 没有经营管理权　D. 投资收益不稳定

11. 按债券的发行主体分类,债券包括(　　)。

A. 所有权债券　B. 政府债券　C. 金融债券　D. 公司债券

12. 相对于实物投资,证券投资的特点有(　　)。

A. 盈利性高　B. 流动性强　C. 价格不稳定　D. 交易成本低

13. 债券投资的缺点有(　　)。

A. 购买力风险大　B. 购买力风险小

C. 没有经营管理权　D. 有经营管理权

14. 债券投资的优点有(　　)。

A. 本金安全性高　B. 收入稳定性强

C. 没有经营管理权　D. 市场流动性好

15. 股票投资的缺点有(　　)。

A. 求偿权居后　B. 价格不稳定

C. 收入不稳定　D. 购买力风险大

16. 股票投资的优点有(　　)。

A. 投资收益高　B. 收入不稳定

C. 拥有经营控制权　D. 购买力风险低

三、判断题

1. 在财务管理中,证券投资与项目投资均属于投资,区别仅在于投资的对象不同。(　　)

2. 证券的票面金额决定证券的价值。(　　)

3. 证券投资是指买卖公司证券的投资行为。(　　)

4. 任何债券的风险均比股票小。(　　)

5. 企业为满足季节性经营对现金的需求,既可以进行长期投资,也可以进行短期投资。(　　)

6. 证券价格与利率的变动方向相同。(　　)

7. 证券投资收益包括证券交易现价与原价的价差以及定期的股利或利息收益。(　　)

8. 股票投资收益率实质上是股票投资现金流量的内部收益率。(　　)

9. 普通股不存在违约风险。(　　)

10. 风险收益率越大,风险收益额就越高。(　　)

11. 改变某种股票在证券投资组合中的比重,会影响证券组合的风险及风险收益率。(　　)

12. 长期证券收益率实质上是按复利计算的收益率,即能使未来现金流入现值等于债券买入价格的折现率。(　　)

13. 股票的价值是预期的未来现金流入量的现值,它是股票的真实价值,是股票本身的价值,但它与股票的价格不一定相同。(　　)

14. 债券的价格会随着市场利率的变化而变化,当市场利率上升时,债券价格下降,当市场利率下降时,债券价格上升。(　　)

15. 进行证券投资时,不能只看名义报酬率的高低,关键是要看实际报酬率的高低。(　　)

16. 在任何情况下进行股票投资,都必须考虑获利的大小。(　　)

17. 债券投资的购买力风险高,而股票投资的购买力风险低。(　　)

18. 利用证券投资组合的保守型策略,可以分散掉全部风险。(　　)

19. 冒险型证券投资组合策略的特点是收益高,风险大。(　　)

20. 适中型投资组合策略的缺点是要求投资者具有丰富的投资经验和专业知识。(　　)

四、计算题

1.【资料】云华公司准备购买某种七年期债券,面值10 000元。票面利率为8%,每年付息一次,到期还本。

【要求】

(1)如果发行时市场利率为6%,试计算债券价格为多少时才值得购买;

(2)若债券发行价为9 900元,试计算市场利率应为多少。

2.【资料】A企业于2006年1月5日以每张1 020元的价格购买B企业发行的利随本清的企业债券。该债券的面值为1 000元,期限为3年,票面年利率为10%,不计复利。购买时市场年利率为8%,不考虑所得税。

【要求】

(1)利用债券估价模型评价A企业购买此债券是否合算;

(2)如果A企业于2007年1月5日将该债券以1 130元的市价出售,计算该债券的投资收益率。

3.【资料】凯利公司拟投资某公司股票,该股票上年每股股利为2元,预计年增长率为2%,必要投资报酬率为7%。

【要求】计算该股票价格为多少元时可以投资。

4.【资料】有一股票的价格为40元,预计下一期的股利是2元,该股利将以大约10%的速度持续增长。

【要求】计算该票的预期收益率为多少。

5.【资料】华为公司股票的β系数为1.5,无风险利率为4%,市场平均收益率为8%。

【要求】计算该股票的必要收益率为多少时,投资者才会购买。

五、综合题

【资料】假定无风险报酬率为10%,所有股票平均报酬率为14%,甲企业股票的β系数为1.5。

【要求】

(1)若本年预算每股股利为2.4,股利增长率为4%,计算股票每股价格应为多少;

(2)若无风险报酬率降为8%,计算股票价格应为多少;

(3)若市场平均报酬率为12%,计算股票价格应为多少;

(4)若公司股利增长率改为5%,计算股票价格应为多少;

(5)若公司β系数为1.8,计算股票价格应为多少。

六、案例分析

股票投资决策——如何用股利贴现模型进行投资决策?

【资料】王宏是东方公司的一名财务分析师,应邀评估百花商业集团建设新商场对公司股票价值的影响。王宏根据公司情况作了如下估计:

(1)公司本年度净收益为200万元,每股支付现金股利2元,新建商场开业后,净收益第1年、第2年均增长15%,第3年增长8%,第4年及以后将保持这一净收益水平。

(2)该公司一直采用固定支付率的股利政策,并打算今后继续实行该政策。

(3)公司的β系数为1,如果将新项目考虑进去,β系数将提高到1.5。

(4)无风险收益率(国库券)为4%,市场要求的必要收益率为8%。

(5)公司股票目前市价为23.6元。

王宏打算利用股票贴现模型,同时考虑风险因素进行股票价值的评估。百花集团公司的一位董事指出,如果采用股利贴现模型,则股利越高,股价越高,所以公司应改变原有的股利政策提高股利支付率。

【要求】请分析与讨论下列问题:

(1)参考固定股利增长贴现模型,分析这位董事的观点是否正确;

(2)分析股利增加对可持续增长率和股票的账面价值有何影响;

(3)评估公司的股票价值;

(4)假设你是一位投资者,说明是否购买其股票。

第7章

利润分配

一、单项选择题

1.《公司法》规定,公司应按照当年税后净利润(　　)的比例提取法定公积金。

A. 15%　　B. 10%　　C. 5%～10%　　D. 5%

2.《公司法》规定,当法定公积金累计额达到公司注册资本的(　　)时,可不再继续提取。

A. 25%　　B. 30%　　C. 40%　　D. 50%

3. 认为在完善的资本市场条件下,股利政策不会影响股票价格或公司的价值的理论是(　　)。

A. 股利政策无关论　　B. "在手之鸟"理论

C. 差别税收理论　　D. 代理理论

4. 主要依靠股利维持生活的股东最不赞成的公司股利政策是(　　)。

A. 剩余股利政策　　B. 固定或稳定增长的股利政策

C. 固定股利支付率政策　　D. 低正常股利加额外股利政策

5. 下列不能用于股利分配的项目是(　　)。

A. 盈余公积　　B. 资本公积

C. 税后利润　　D. 上年未分配利润

6. 股份有限公司实行股票分割的主要目的在于通过(　　),从而增加流动性。

A. 增加股票股数降低每股市价　　B. 减少股票股数降低每股市价

C. 增加股票股数提高每股市价　　D. 减少股票股数提高每股市价

7. 能使股利与企业盈余紧密配合,体现多盈多分、少盈少分、无盈不分的股利分配政策是(　　)。

A. 剩余股利政策　　B. 固定或持续增长的股利政策

C. 低正常股利加额外股利政策　　D. 固定股利支付率政策

8. 成长中的公司发放股票股利,每股市价将(　　)。

A. 上升　　B. 下降　　C. 不变　　D. 以上皆有可能

9. 稳定发展且财务状况也较稳定的公司,较适宜采用的股利政策是(　　)。

A. 剩余股利政策　　B. 固定或持续增长的股利政策

C. 低正常股利加额外股利政策　D. 固定股利支付率政策

10. 对盈利水平随经济周期波动较大的企业，适宜采用的股利政策是（　）。

A. 剩余股利政策　B. 固定或持续增长的股利政策

C. 低正常股利加额外股利政策　D. 固定股利支付率政策

11. 经营比较稳定或处于成长期的企业，适宜采用的股利政策是（　）。

A. 剩余股利政策　B. 固定或持续增长的股利政策

C. 低正常股利加额外股利政策　D. 固定股利支付率政策

12. 不会引起公司资产流出或负债增加的股利支付方式为（　）。

A. 股票股利　B. 负债股利　C. 财产股利　D. 现金股利

13. 公司在分配利润时，必须按一定比例和基数提取各种公积金，这一要求体现（　）。

A. 资本保全约束　B. 资本积累约束

C. 偿债能力约束　D. 超额累积利润约束

14. 某公司现有发行在外的普通股为100万股，每股面值1元，资本公积50万元，未分配利润为300万元，股票市价10元；若按10%的比例发放股票股利并按市价折算，资本公积将变为（　）万元。

A. 100　B. 110　C. 120　D. 140

15. 某公司净利润为60万元，目前资本结构为权益资本与债务资本各占50%，假设第2年投资计划需资金60万元，当年流通在外的普通股为10万股，若采用剩余股利政策，该年度股东可获得的每股股利为（　）。

A. 2　B. 1　C. 3　D. 4

16. 企业采用剩余股利政策的根本理由是（　）。

A. 最大限度的用收益满足筹资的需要

B. 向市场传递企业不断发展的信息

C. 使企业保持理想的资本结构

D. 使企业在资金使用上有较大的灵活性

17. 能够使股利和盈余紧密结合，但利于稳定股票价格的股利分配政策是（　）。

A. 剩余股利政策　B. 固定或持续增长的股利政策

C. 固定股利支付率政策　D. 低正常股利加额外股利政策

18. 某股份公司目前的每股收益和每股市价分别为2元和20元，现拟实施10股送1股的送股方案，若股价随股数成比例变动，则送股后的每股收益和每股市价分别为（　）。

A. 1.82;18.18　B. 2;18.18　C. 2;20　D. 1.82;22

19. 股利决策涉及面很广，其中最主要的是确定（　），它会影响公司的报酬率和风险。

A. 股利支付日期　B. 股利支付方式　C. 股利支付比率　D. 股利政策

20. 某公司现有发行在外的普通股100万股，每股面值1元，资本公积30万元，未分配利润 200 万元,股票市价 8 元;若按 10%的比例发放股票股利并按市价折算,资本公积将变为(　　)万元。

A. 80　　B. 70　　C. 100　　D. 30

二、多项选择题

1. 从法律角度看,对股利分配起限定性作用的有(　　)。

A. 资本保全　　B. 资本积累

C. 偿债能力　　D. 超额累积利润

2. 按照资本保全的要求,企业发放股利所需资金的来源包括(　　)。

A. 当前利润　　B. 留存收益　　C. 原始资本　　D. 股本

3. 公司可选择的股利政策有(　　)。

A. 剩余股利政策　　B. 固定或持续增长的股利政策

C. 低正常股利加额外股利政策　　D. 固定股利支付率政策

4. 我国《公司法》规定,公司不得收购本公司股份,(　　)除外。

A. 减少公司注册资本

B. 与持有本公司股份的其他公司合并

C. 将股份奖励本公司职工

D. 股东因为对股东大会作出的公司合并、分立持有异议,要求公司收购其股份的

5. 股票回购的动机主要有(　　)。

A. 现金股利的替代

B. 改变公司的资本结构

C. 传递公司已稳定的信息或提高公司的股价

D. 防止敌意收购,满足转换条款和认股权的行使

6. 我国《公司法》规定,公司进行税后利润的分配应按(　　)顺序进行。

A. 提取法定盈余公积金

B. 弥补在税前利润弥补亏损之后仍存在的亏损

C. 提取任意盈余公积金

D. 向投资者分配利润

7. 常见的股利支付方式有(　　)。

A. 现金股利　　B. 财产股利　　C. 负债股利　　D. 股票股利

8. 属于股利政策相关论的有(　　)。

A. "在手之鸟"理论　　B. 差别税收理论

C. 代理理论　　D. MM 理论

9. 发放股票股利可能产生的影响有(　　)。

A. 每股收益发生变化　　B. 股东权益总额发生变化

C. 股票市价发生变化　　D. 所有者权益各项目比例发生变化

10. 公司在制定利润分配政策时应考虑的因素有(　　)。
A. 通货膨胀因素　B. 股东因素　C. 法律限制　D. 公司因素
11. 股票股利与股票分割的共同作用在于(　　)。
A. 节约现金　B. 公司股东权益总额发生变化
C. 公司每股利润下降　D. 公司股份总额发生变化
12. 利润分配的原则有(　　)。
A. 依法进行分配　B. 稀释股价
C. 传递公司正处于发展中的有利信息　D. 间接增加股东财富
13. 股票回购对上市公司的影响有(　　)。
A. 容易造成资金紧张　B. 削弱了对债权人利益的保护
C. 股票回购容易导致公司操纵股价　D. 可节约个人所得税
14. 股票回购的方式有(　　)。
A. 公开市场回购　B. 负债回购　C. 要约回购　D. 协议回购
15. 固定股利政策的缺点有(　　)。
A. 未与企业的盈余紧密配合
B. 未保持分配与留存收益的比例关系
C. 波动的股利向市场传递企业未来收益前景不可靠的信息
D. 可能会给公司的财务带来较大的负担
16. 关于固定或稳定增长的股利政策,阐述正确的有(　　)。
A. 股利一般在较长的时间内保持在固定的水平上
B. 这是理论上的股利政策,实务中一般不用
C. 有利于增强投资者的信心
D. 不会给公司带来财务压力
17. 对公司股利政策,股东的限制主要来自于(　　)。
A. 收入的考虑　B. 偿债能力　C. 控制权　D. 税负
18. 应用剩余股利政策,应注意的问题有(　　)。
A. 资本结构的限制　B. 应用经济的原则
C. 税负的影响　D. 流动资金的影响
19. 以下表述正确的有(　　)。
A. 使用留存收益无成本
B. 处于成长中的公司多采用高股利政策
C. 通货膨胀时期股利政策往往偏紧
D. 举债能力强的公司往往采用宽松的股利政策
20. 在实务中,可能采用的股利政策有(　　)。
A. 剩余股利政策　B. 固定或稳定增长的股利政策
C. 固定股利支付率政策　D. 低正常股利加额外股利政策

三、判断题

1. 企业无盈利不能分配股利。( )

2. 在除权日当天购入的股票也可以享受已宣布发放的股利。( )

3. 公司分配现金股利的条件是只要有盈利就可分。( )

4. 发放股票股利不直接增加股东的财富。( )

5. 公司发放股票股利后其股价也会成比例下降。( )

6. 发放股票股利会使投资者认为公司有良好的发展前景,在一定程度上稳定股票的价格。( )

7. 股利的发放只能来源于留存收益或当期利润。( )

8. 采用留存收益作为内部筹资方式,没有任何成本。( )

9. 采用剩余股利政策的优点是有利于保持理想的资本结构,降低企业的综合资金成本。( )

10. 股票分割不仅有利于促进股票流通和交易,而且还有利于公司并购政策的实施。( )

11. 股票回购可使投资者节约个人所得税。( )

12. 企业发放股票股利会引起每股利润的下降,从而导致每股市价有可能下跌,因而每位股东所持股票的市场价值总额也将随之下降。( )

13. 对收益经常波动的企业最适宜的股利政策是剩余股利政策。( )

14. 任何一个公司都可以根据需要保留利润。( )

15. 企业发放股票股利会使每股收益下降。( )

16. 股票股利与股票分割都不会引起股权结构的变化。( )

17. 发放少量的股票股利可使股东得到股价相对上升的好处。( )

18. 与发放现金股利相比,股票回购可以提高每股收益,使股价上升或将股价维持在一个合理的水平上。( )

19. 债权人不得干预企业的资金投向和股利分配方案。( )

20. 公司的衰退阶段应当采用稳定增长型股利政策来吸引股东。( )

四、计算题

1. 股票股利相关内容的联系

【资料】某公司发放股票股利前的有关资料如下:

表 7-1

普通股本(面值 1 元,100 万股)	100 万元
资本公积	400 万元
未分配利润	400 万元
股东权益合计	900 万元

当时的股票市价为 10 元/股。

【要求】

(1)按 10 股送 1 股的比例发放股票股利后,计算未分配利润项目的余额为多少;

(2)计算发放股票股利后资本公积金的数额为多少;

(3)列出发放股票股利后的股东权益表。

2. 股票股利相关内容的练习

【资料】仍根据 1 资料,公司当年盈余为 200 万元。

【要求】

(1)计算发放股票股利后每股的市场价值是多少;

(2)计算持有 10 000 股该公司股票的股东在发放股票股利后,所持股总市值为多少;

(3)列出股票股利发放前后该股东每股收益、每股市价持股比例及总价值表。

3. 剩余股利分配政策的练习

【资料】某企业 2009 年实现的净利润为 1 200 万元(不考虑提取法定盈余公积金的因素)。2010 年计划增加投资,所需资金为 900 万元。假定公司目标资本结构为自有资金占 60%,借入资金占 40%。

【要求】在保持目标资本结构的前提下,如果公司执行剩余股利政策,计算 2009 年应分配的现金股利。

4. 固定股利政策的练习

【资料】仍根据 3 资料,假设公司 2008 年实现净利润 1 000 万元,分配现金股利 550 万元,如果公司执行固定股利政策。

【要求】计算 2009 年度应分配的现金股利、可用于 2009 年度投资的留存收益。

5. 固定股利支付率政策的练习

【资料】仍根据 3、4 资料,在不考虑目标资本结构的前提下,如果公司执行固定股利支付率政策。

【要求】计算公司 2009 年的股利支付率和 2009 年的应分配的现金股利。

6. 股票分割的练习

【资料】某公司原发行每股面值为 2 元的普通股 500 000 股,其他资料如下:

表 7-2　　单位:万元

普通股(50 万股,每股 2 元)	100
资本公积	400
留存收益	2 000
股东权益合计	2 500

现公司决定按 1 股换成 2 股的比例进行股票分割。

【要求】

(1)填入股票分割后的股东权益项目金额;

表 7-3

股票分割后	金额
普通股(股数:100 万股,每股:元)	
资本公积	
留存收益	
股东权益合计	

(2)通过以上计算,指出股票分割与发放股票股利有何异同。

五、综合题

1.【资料】公司今年年底的所有者权益总额为 10 000 万元,普通股 5 000 万股。目前的资本结构为长期负债占 40%,所有者权益占 60%,没有需要付息的流动负债。公司的所得税率为 30%。预计继续增加长期债务不会改变目前的 11% 的平均利率水平。董事会在讨论明年的资金安排时提出:

(1)计划年度分配现金股利 0.1 元/股;

(2)为新的投资项目筹集 4 000 万元资金;

(3)计划年度维持目前的资本结构,并且不增新股,不举借短期借款。

【要求】计算为实现董事会前述要求所需的息税前利润。

2.【资料】某公司 2009 年实现的税后净利为 2 000 万元,若 2010 年的投资计划所需资金为 1 000 万元,公司的目标资金结构为自有资金占 60%。

【要求】

(1)若公司采用剩余股利政策,计算 2009 年年末可发放多少股利;

(2)若公司发行在外的股数为 2 000 万股,计算每股利润及每股股利;

(3)若 2010 年公司决定将公司的股利政策改为逐年稳定增长的股利政策,设股利的逐年增长率为 3%,投资者要求的必要报酬率为 13%,计算该股票的价值。

第8章 财务预算与控制

一、单项选择题

1. 企业以货币形式表示的关于未来一定预算期间内财务方面的经营目标及有关实现该目标的财务活动计划,称之为(　　)。

A. 定基预算　　B. 责任预算　　C. 固定预算　　D. 财务预算

2. 在编制预算时,只根据预算期内计划实现的某一业务量水平作为基础而编制的预算,叫做(　　)。

A. 定基预算　　B. 日常预算　　C. 静态预算　　D. 动态预算

3. 弹性预算编制的基础是(　　)。

A. 预计产量　　B. 经营目标　　C. 成本习性分析　　D. 成本动态分析

4. 在制定预算指标时比较容易找到参照标准的预算编制方法是(　　)。

A. 定基预算法　　B. 固定预算法　　C. 增量预算法　　D. 零基预算法

5. 零基预算法编制预算的基础是(　　)。

A. 以零为起点　　B. 日常预算　　C. 原有水平　　D. 责任预算

6. 滚动预算一般用于(　　)。

A. 较为重大事项的预算控制　　B. 日常预算的控制

C. 定基财务预算的控制　　D. 不太重要事项的预算控制

7. 编制生产预算、成本预算、期间费用预算和现金收支预算的基础是(　　)。

A. 日常预算　　B. 销售预算　　C. 固定预算　　D. 增量预算

8. 生产预算是根据销售预算而编制的产量计划,编制销售预算应遵守(　　)。

A. 计划性原则　　B. 最大产量原则　　C. 节约成本原则　　D. 以销定产原则

9. 以生产预算为基础,结合企业所制定的材料消耗定额、预计材料采购单价及期初、期末材料存货水平等信息来编制的预算是(　　)。

A. 直接材料预算　　B. 材料采购预算

C. 材料存货预算　　D. 材料消耗预算

10. 有关预算期内为完成产品产量生产预算而编制的有关人工工时的劳动量和直接人工成本的计划称之为(　　)。

A. 劳动量预算　　B. 直接人工预算

C. 人工工时预算　　D. 工时劳动量预算

11. 应在生产预算、直接材料预算、直接人工预算和制造费用预算的基础上并以其中的有关资料为依据而编制的预算是(　　)。

A. 现金收支预算　　B. 直接人工预算

C. 产品成本预算　　D. 财务预算

12. 特种决策预算是非日常业务预算,(　　)。

A. 不需要定期编制　　B. 需要定期编制

C. 属于经营预算　　D. 属于实物预算

13. 能够综合、概括反映企业现金收支及现金筹集的来源渠道与运用去向的预算是(　　)。

A. 预计利润表　　B. 日常业务预算

C. 财务预算　　D. 现金预算

14. 将企业财务收支等活动约束于事先确定的范围之内的管理活动就是企业的(　　)。

A. 财务预算　　B. 财务检查　　C. 财务控制　　D. 财务监督

15. 科学、合理的赋予企业职能部门或管理者一定决策权力的管理,叫做(　　)。

A. 授权　　B. 授权控制　　C. 财务控制　　D. 预算管理

16. 在企业中,对于不相容职务必须(　　)。

A. 合并　　B. 分离　　C. 兼任　　D. 授权

17. 现代企业财务管理中,财务预算、财务控制与考核最常用的一种组织形式是(　　)。

A. 集权式模式　　B. 分权式模式

C. 指标分解　　D. 责任中心预算控制

18. 责任中心是企业内部划分的各级单位和各个管理部门,其既享有一定权力和利益,同时承担一定的(　　)。

A. 分工和经济责任　　B. 收入任务

C. 利润任务　　D. 责任会计核算任务

19. 反映责任中心预算实际执行情况,揭示实际与预算差异的内部会计报告称为(　　)。

A. 财务报告　　B. 责任报告　　C. 预算报表　　D. 责任报表

20. 对企业利润在企业内部各环节进行模拟实现而设置的责任中心,叫做(　　)。

A. 核算中心　　B. 利润中心　　C. 人为利润中心　　D. 自然利润中心

二、多项选择题

1. 编制财务预算的作用主要表现为(　　)。

A. 明确财务目标　　B. 控制财务活动

C. 协调财务关系　　D. 建立绩效评估体系与标准

2. 常用的预算编制方法,根据所编预算的期间特性不同,可分为(　　)。
A. 增量预算　B. 定期预算　C. 零基预算　D. 滚动预算
3. 编制弹性预算的基本步骤包括(　　)。
A. 选择和确定业务量
B. 根据预测确定可能达到的各种业务量水平
C. 确定各预算项目指标与业务量之间的数量关系及预算水平指标
D. 测量弹性预算的业务量范围
4. 增量预算与零基预算的区别体现为(　　)。
A. 预算基础不同　B. 预算编制分析的对象不同
C. 预算期间不同　D. 预算的着眼点不同
5. 滚动预算的主要特点表现为(　　)。
A. 整个预算的预算期始终保持固定的时间长度
B. 在预算指标制定上,按每一分期由近及远,预算指标由详细到粗略
C. 随着时间的推移,各分期的预算指标由原来比较粗略到不断详细化
D. 整个预算的预算期时间长度在逐渐缩短
6. 滚动预算按滚动的时间单位不同可分为(　　)。
A. 逐季滚动方式　B. 逐日滚动方式
C. 逐月滚动方式　D. 混合滚动方式
7.. 在企业实际预算管理中,通常要编制的预算可分为三大类,分别是(　　)。
A. 现金预算　B. 日常业务预算　C. 特种决策预算　D. 财务预算
8. 财务预算,包括(　　)。
A. 现金预算　B. 预计财务报表　C. 日常业务预算　D. 特种决策预算
9. 预计应交增值税的两种方法有(　　)。
A. 公式法　B. 分析法　C. 常规法　D. 简捷法
10. 企业特种决策预算主要分为(　　)。
A. 生产决策预算　B. 经营决策预算　C. 投资决策预算　D. 销售决策预算
11. 现金收支预算在构成内容上主要组成部分包括(　　)。
A. 现金收入　B. 现金支出　C. 现金余额　D. 现金调剂
12. 财务控制系统的特征包括(　　)。
A. 以财务预算内容为控制对象　B. 以企业经营目标为控制目的
C. 以财务控制为控制措施　D. 以价值控制为手段
13. 按照财务控制的功能可将财务控制分为(　　)。
A. 预防性控制　B. 侦查性控制　C. 纠正性控制　D. 指导性控制
14. 财务控制按其控制时间特征可划分为(　　)。
A. 全过程控制　B. 事后控制　C. 事中控制　D. 事先控制
15. 财务控制按控制的依据可分为(　　)。
A. 预算控制　B. 授权与批准控制

C. 制度控制　　　　　　　　　　　D. 职务分离控制

16. 实施责任中心预算控制的主要组织过程为(　　)。

A. 划分责任中心,规定权责范围

B. 编制责任预算,规定各责任中心的业绩考核标准

C. 组织责任会计核算体系

D. 考核与评价责任中心的业绩

17. 在制定内部转移价格时应遵守的原则有(　　)。

A. 全局性原则　B. 公平性原则　C. 重要性原则　D. 合理性原则

18. 内部转移价格的类型有(　　)。

A. 市场价格　B. 协商价格　C. 成本价格　D. 双重价格

19. 成本中心按发生额与业务量的关系可分为(　　)。

A. 技术性成本中心　　　　　　　B. 部门成本中心

C. 酌量性成本中心　　　　　　　D. 个人成本中心

20. 投资中心与利润中心的区别主要包括(　　)。

A. 权利不同　B. 考核办法不同　C. 预算方法不同　D. 管理责任不同

三、判断题

1. 广义的财务预算其内容主要包括现金收支预算、预计资产负债表、预计利润表等。(　　)

2. 固定预算法具有适应性强的优点。(　　)

3. 编制的弹性预算通常是一组不同业务量水平的预算。(　　)

4. 定期预算这种方法具有指导性差的不足。(　　)

5. 销售预算是编制生产预算、成本预算、期间费用预算和现金收支预算的基础。(　　)

6. 编制生产预算就是以每期预算销售量作为本期生产量组织本期产品生产。(　　)

7. 直接材料预算可根据当期产品生产量预算和企业所制定的材料消耗定额来编制。(　　)

8. 制造费用分配标准通常选择价值量指标。(　　)

9. 现金预算与预计财务报表是企业所编制的反映企业财务成果和财务状况的综合性预算。(　　)

10. 预计资产负债表是关于预算年度预计资产、负债、所有者权益要素可能达到状态的预算。(　)

11. 财务控制则是保证实现财务管理目标的关键。(　　)

12. 财务控制要素是决定和影响企业财务控制活动的基本条件和因素。(　　)

13. 全面预算控制的主要环节有:建立预算体系,包括确定预算的内容、目标和程序;预算的编制和审定;预算指标的下达及落实等预算环节。(　　)

14. 财务控制的最终效率取决于奖罚制度是否得以合理的贯彻实施。(　　)

15. 按照财务控制的内容可将财务控制分为一般控制和应用控制两类。(　　)

16. 责任中心预算控制也称为责任预算控制,就是指划分责任中心的过程。(　　)

17. 责任中心会计核算一般简称为责任会计,是企业财务会计的组成部分。(　　)

18. 责任成本是指企业某一责任中心所发生的费用总和。是指生产经营进程中某一责任中心对另一责任中心所造成的经济损失。(　　)

19. 责任预算是指各责任中心为完成所承担的成本、收入、利润和投资等企业预算指标任务而编制的预算。(　　)

20. 投资中心、成本中心一般不是独立法人,利润中心可以是也可以不是独立法人。(　　)

四、综合题

1. 练习固定预算的编制

【资料】昌达公司 2010 预算年度预计销售甲产品 2 000 件,单价 400 元,单位成本为 200 元,其中:直接材料 100 元,直接人工 60 元,制造费用 40 元。

【要求】按固定预算法编制产品销售利润预算,如表 8-1 所示。

表 8-1　　昌达公司 2010 预算年度利润预算表　　单位:元

项目	预算金额
销售收入	
销售成本:	
直接材料	
直接人工	
制造费用	
销售利润	

2. 练习弹性预算的编制

【资料】森明公司 2010 预算年度生产甲产品,预计最高年销售量 270 台,预计单位变动成本 270 元,其中直接材料成本 162 元、直接人工成本 27 元、制造费用 81 元;预计固定制造费用总额 9 900 元,预计甲产品销售单价 360 元。

【要求】

(1)根据上述资料,按弹性预算法编制如下业务量为最高年销售量 100%、90%、80% 的不同业务量水平下的收入、成本和利润预算,如表 8-2 所示;

(2)采用公式法,按预计销售量为最高销售量的 95%,确定直接材料成本、直接人工成本、制造费用、销售成本总额预算指标。

表 8-2　森明公司 2010 预算年度收入、成本和利润预算表　单位:万元

项目＼业务量			
销售收入			
销售成本			
其中:变动成本			
直接材料			
直接人工			
制造费用			
固定成本			
销售利润			

3. 练习零基预算的编制

【资料】森明公司 2010 预算年度可用于销售费用的资金总额为 400 万元,销售部门提出的销售费用预算总额为 480 万元,具体项目如表 8-3 所示。

表 8-3　销售部门销售费用预算(草案)　单位:元

项目	金额
销售人员工资	1 410 000
广告费	1 280 000
差旅费	440 000
保险费	330 000
办公费	400 000
培训费	160 000
销售佣金	780 000
合计	4 800 000

森明公司预算委员会按销售费用可否避免和轻重缓急将上述项目分为三个等级:一级费用,包括销售人员工资、保险费和销售佣金;二级费用,包括广告费和差旅费;三级费用,包括办公费和培训费。其中:一级费用要全部予以保证;扣除一级费用后的剩余资金的 65% 用于满足二级费用;最后用于满足三级费用的需要。

【要求】按零基预算法编制销售部门销售费用预算,如表 8-4 所示。

表 8-4 销售部门销售费用预算 单位:元

项目	预算(草案)	最终预算
一级费用:		
二级费用:		
三级费用:		
合计		

4. 练习增量预算的编制

【资料】某企业上年度存货平均占用资金 400 万元,其中不该发生的项目支出和过度地不合理占用额共为 30 万元。预算年度业务量将比上年增长 7%,价格上涨 3%,存货资金周转速度提高 8%。

【要求】根据资料测定该企业预算年度存货资金预算额。

5. 练习销售预算的编制

【资料】海资公司 2010 预算年度计划生产和销售 A 产品,经销售预测:四个季度的预计销售量(件)分别为:1 500、1 600、1 800、1 700,预计销售单价(不含税)为 600 元,公司适用的增值税税率为 17%;各季度销售货款的 80% 于当季度收到,其余 20% 在下季度收到。2006 年末的应收账款余额为 30 000 元,预计在预算期第一季度收到现金。

【要求】为海资公司编制 2010 年度的销售预算及经营现金收入预算,如表 8-5 所示。

表 8-5　　海资公司 2010 年度销售及经营现金收入预算　　金额单位:元

项目		一季度	二季度	三季度	四季度	全年合计
预计销售量(件)						
预计销售单价						
预计销售收入						
预计增值税销项税额						
预计含税销售收入						
预计经营现金收入	收到本期销售收入					
	收到上期销售收入					
	现金收入合计					

6. 练习生产预算的编制

【资料】 海资公司 2009 年年末 A 产品存货量为 100 件,2010 预算年度的 A 产品销售量计划见综合题 5,该公司生产销售管理部门分析,2010 年前三个季度末产成品存货预计占下季度销售量的 10%,第四季度末存货量预计为 120 件。

【要求】 为海资公司编制 2010 年度的生产预算,如表 8-6 所示。

表 8-6　　海资公司 2010 年度生产预算表　　单位:件

摘要	一季度	二季度	三季度	四季度	全年合计
预计销售量					
加:预计期末存货量					
减:预计期初存货量					
预计产品生产量					

7. 练习直接材料预算的编制

【资料】 海资公司 2010 年 A 产品预计产品生产量资料,请见综合题 5 所编制完成的生产预算表 8-6。2010 年海资公司生产 A 产品只需用甲材料,A 产品甲材料消耗定额为 15 千克/件,单价 5.00 元/千克;2010 年年初甲材料库存量为6 000千克,2010 年前三个季度末甲材料库存按下季度生产需要量的 10% 储备,第四季度末预计结存量为2 000千克;2010 年第一季度需支付上年应付购料款余额为 42 120 元,预计 2010 年各季度材料采购款于当季度以现金支付 80%,其余 20% 下季度再以现金付讫(即后期对上期未付账款支付率为 100%)。

【要求】 依据资料为海资公司编制 2010 年度的直接材料需用量预算表 8-7、直接材料采购预算表 8-8 和材料采购现金支出预算表 8-9。

表 8-7　　海资公司 2010 年度直接材料需用量预算　　单位:千克

摘要	一季度	二季度	三季度	四季度	全年合计
预计产品生产量(件)					
单位产品材料消耗定额(千克)					
预计材料生产需用量(千克)					

表 8-8　　海资公司 2010 年度直接材料采购预算

摘要	一季度	二季度	三季度	四季度	全年合计
预计材料生产需用量(千克)					
加:预计材料期末结存量(千克)					
减:预计材料期初结存量(千克)					
预计材料采购量(千克)					
单位材料价格(元/千克)					
预计材料采购成本(元)					
加:预计材料增值税进项税(元)					
预计采购材料需资金总额(元)					

表 8-9　　海资公司 2010 年度材料采购现金支出预算　　单位:元

摘要			一季度	二季度	三季度	四季度	全年合计
预计采购材料需资金总额							
预计所需现金支出	一季度支付	上期未付材料款					
		本季采购材料款					
	二季度支付	上期未付材料款					
		本季采购材料款					
	三季度支付	上期未付材料款					
		本季采购材料款					
	四季度支付	上期未付材料款					
		本季采购材料款					
	本期现金支出合计						
应在下期支付的本期货款							

8. 练习应交税费预算的编制

【**资料**】海资公司 2010 年产品销售预算资料见综合题 5 编制完成的销售预算及经营现金收入预算表 8-5,直接材料采购预算资料见综合题 7 编制完成的直接材料采购预算表 8-8。海资公司 2010 年预计不会发生营业税、消费税和资源税,公司适用的城市维护建设税税率为 7%,教育费附加的征收率为 3%。

【**要求**】根据上述资料编制海资公司 2010 年应交税金及附加预算,如表 8-10 所示。

表 8-10　　海资公司 2010 年应交税费预算　　单位:元

项目		一季度	二季度	三季度	四季度	全年合计
预计增值税销项税额						
预计材料增值税进项税额						
预计应交增值税						
预计销售税金及附加	应交营业税、消费税、资源税					
	应交城建税					
	应交教育费附加					
	小计					
合计						
预计现金支出						

9. 练习直接人工预算的编制

【资料】海资公司单位 A 产品工时定额为 8 小时/件,小时工资率为 6 元/小时、其他直接人工费用(福利费等)计提比例为 14%;工资均在当季以现金支付,预计其他直接人工费用现金支付率为 70%。海资公司 2010 预算年度生产预算见综合分析习题 6 中编制完成的生产预算表 8-6。

【要求】为海资公司编制 2010 年度的直接人工预算,如表 8-11 所示。

表 8-11　　海资公司 2010 年度直接人工预算

摘要		一季度	二季度	三季度	四季度	全年合计
预计生产量(件)						
单位产品工时定额(小时)						
直接人工工时总数(小时)						
单位工时的工资额(元/小时)						
预计产品直接工资成本(元)						
其他直接人工费用计提(%)						
预计其他直接人工费用(元)						
预计直接人工成本总额(元)						
预计现金支出	直接工资成本现金支出					
	其他直接人工费用现金支出					
	合计					

10. 练习制造费用预算的编制,资料如下:

海资公司财务及有关人员,经分析预测的公司 2010 年产品生产中的制造费用资料见表 8-12,2010 年公司的制造费用均需当期付现(不含折旧非付现成本项目);公司以人工工时为变动性制造费用的分配标准,有关工时资料见综合分析习题 9 中编制完成的直接人工预算表 8-11。

表 8-12 预算年度固定性费用和变动性制造费用预测表 单位:元

固定性费用	金额	变动性费用	金额
人工费	60 000	间接人工费	120 000
维修费	40 000	间接材料费	80 000
折旧费	120 000	水电费	100 000
材料费	80 000	材料处理费	80 000
水电费	40 000	搬运清理费	60 000
其他	20 000	其他	33 400
合计	360 000	合计	473 400

【要求】为海资公司编制 2010 年度的制造费用及现金支出预算,如表 8-13 所示。

表 8-13 海资公司 2010 年度制造费用预算 单位:元

项目	分配率(元/小时)	一季度	二季度	三季度	四季度	全年合计
直接人工小时总数(小时)						
固定性费用						
其中:人工费						
维修费						
折旧费						
材料费						
水电费						
其他						
合计						
变动性费用						
其中:间接人工费						
间接材料费						
水电费						
材料处理费						
搬运清理费						
其他						
合计						
制造费用总计						
减:折旧费						
预计现金支出额						

11. 练习产品成本预算的编制

【资料】海资公司2010年年初结存的A产成品成本总额为29 000元,单位成本为290元;生产预算、直接材料采购预算、直接人工预算和制造费用预算分别见综合分析习题6、7、9、10编制完成的预算表8-6、表8-8、表8-11、表8-13;产成品按先进先出法计价,固定性制造费用全部由预计销售产品负担。

【要求】为海资公司编制2010年度的产品成本预算,如表8-14所示。

表8-14　　海资公司2010年度产品成本预算

成本项目	单位价格	单位产品分配标准	单位成本(元)	生产总成本(产量件)
直接材料成本	( )元/千克	( )千克/件		
直接人工成本	( )元/工时	( )工时		
变动性制造费用	( )元/工时	( )工时		
固定性制造费用	( )元/工时	( )工时		
预计产品生产成本总额(元)				
加:期初在产品、半成品成本余额			0	0
减:期末在产品、半成品成本余额			0	0
预计完工产品生产成本				
加:期初结存产成品成本余额				
减:期末结存产成品成本余额				
预计本期产品销售成本(预计销售量　件)				

12. 练习存货预算的编制

【资料】海资公司2010预算年度拟对存货按先进先出法计价,公司的生产预算、直接材料采购预算和产品成本预算分别见综合分析习题6、7、11编制完成的预算表8-6、表8-8、表8-14;为简化存货预算的编制,在产品和半成品视为零。

【要求】为海资公司编制2010年度的年末存货预算,如表8-15所示。

表 8-15　　海资公司 2010 年度年末存货预算

项目	名称	单位成本(元)	期末结存量	期末结存成本(元)
材料存货				
	小计			
产成品存货	甲产品			
	小计			
在产品等存货			0	0
期末存货成本合计				

13. 练习销售费用预算的编制

【资料】海资公司 2010 预算年度生产预算见综合分析习题 6 中编制完成的生产预算表 8-6。海资公司财务及有关人员经对上年销售费用进行分析后，测算的公司 2010 年销售费用合理开支的基本数据如表 8-16 所示，变动性销售费用和固定性销售费用均需当期付现。

表 8-16　　公司 2010 年销售费用合理开支测算表

项目	变动性销售费用		固定性销售费用(元)	
	单位产品变动性销售费用		项目	全年总额
	A 产品	×产品	管理人员工资	5 000
佣金	1.2(元/件)		专设机构经费	9 000
运杂费	0.2(元/件)		宣传广告费	14 000
其他	0.6(元/件)		销售保险费	5 500
			其他	1 500
合计	2.00(元/件)		合计	35 000

【要求】为海资公司编制 2010 年度的销售费用及现金支出预算，如表 8-17 所示。

表 8-17 海资公司 2010 年销售费用及现金支出预算

项目		一季度	二季度	三季度	四季度	全年合计
单位产品变动性费用(元/件)	A 产品					
	×产品					
预计产品销售量(件)	A 产品					
	×产品					
变动性费用(元)	A 产品					
	×产品					
	小计					
固定性费用(元)						
预计销售费用合计(元)						
预计现金支出(元)						

14. 练习现金收支预算的编制

【资料】(1)海资公司已编制完成的 2010 年度 B 产品生产线投资预算如表 8-18 所示,所用资金均为当期付现。

表 8-18 2010 年度 B 产品生产线投资预算 单位:元

项目	一季度	二季度	三季度	四季度	全年
勘察设计费	4 000				4 000
土建工程费	6 000				6 000
设备购置费		90 000	8 000		98 000
安装工程费			1 000	4 000	5 000
其他				1 000	1 000
购置固定资产支出合计	10 000	90 000	9 000	5 000	114 000

(2)海资公司已编制完成的 2010 预算年度管理费用、财务费用及现金支出预算,如表 8-19 所示,应付现金均为当期付现。

表 8-19　　2010 年管理费用、财务费用及现金支出预算　　单位:元

费用项目	年度预算金额	各季平均额
公司经费	32 000	8 000
无形资产摊销	20 000	5 000
折旧费	8 000	2 000
管理费用小计	60 000	15 000
利息净支出	4 800	1 200
其他	4 400	1 100
财务费用小计	9 200	2 300
合计	69 200	17 300
减:折旧费	8 000	2 000
无形资产摊销	20 000	5 000
预计现金支出	41 200	10 300

(3)经预测,2010 年 4 月份将以现金支付上年股利 520 000 元;2010 年第二季度末、第三季度末和第四季度末将分别偿还上年流动资金借款本金 200 000 元、500 000元、1 000 000元;2010 年每季预交所得税 20 000 元。

(4)海资公司 2010 年预算年度期初货币资金余额为 350 000 元,预算期内最佳货币资金持有量为 90 000 元,当每季实际货币资金持有量超过(或不足)最佳货币资金持有量时,按万元购售债券进行调剂,如售出债券不足以调节现金短缺时,以借入一年期银行流动资金借款解决。

(5)其他有关预算资料分别见综合分析习题 6-13 的资料及编制完成的预算表。

【要求】根据已知资料编制海资公司现金预算,如表 8-20 所示。

表 8-20 海资公司 2010 预算年度现金预算 单位：元

项　　目	一季度	二季度	三季度	四季度	全　年	资料来源及计算依据
①期初现金余额						
经营现金收入						
其中：销售收入						
其他收入						
②经营现金收入						
③可用现金合计						
经营性现金支出						
其中：直接材料采购支出						
支付增值税、销售税金及附加						
支付直接人工						
支付制造费用						
支付销售费用						
支付管理费用						
支付财务费用						
支付其他收入的成本						
预交所得税						
支付股利						
④经营性现金支出合计						

（续表）

项　目	一季度	二季度	三季度	四季度	全　年	资料来源及计算依据
资本性现金支出						
其中：购置固定资产支出						
追加流动资金支出						
⑤资本性现金支出合计						
⑥现金支出总计						④+⑤
⑦现金节余(不足)						③−⑥
⑧现金筹措与运用						
现金筹措						
其中：流动资金借款						
发行公司债券						
出售有价证券						
⑨现金筹措小计						
现金运用						
其中：归还流动资金借款						
购入有价证券						
⑩现金运用小计						
⑪期末现金余额						⑦+⑨−⑩

15. 练习预计利润表的编制

【资料】有关预算资料分别见综合题6~13的资料及编制完成的预算表。

【要求】按变动成本法为海资公司编制2010年度的预计利润表,如表8-21所示。

表8-21　　海资公司2010年度预计利润表　　单位:元

项目	金额	资料来源及计算依据
产品销售收入		
减:销售成本		
销售税金及附加		
贡献边际总额(生产阶段)		
加:其他业务利润		
减:变动性销售费用		
贡献边际总额(销售阶段)		
减:固定性制造费用		
固定性销售费用		
管理费用		
财务费用		
利润总额		
减:所得税(税率25%)		
净利润		

16. 练习预计利润分配表的编制

【资料】海资公司2010预算年度期初未分配利润为210 000元,预算年度计提法定盈余公积、公益金、任意盈余公积的比例分别为10%、5%、0,股利分配率预计为40%。

【要求】结合综合分析习题15编制完成的预计利润表为海资公司编制2010年度的预计利润分配表,如表8-22所示。

表 8-22　　海资公司 2010 年度预计利润分配表　　单位:元

项目	金额
年初未分配利润	
加:本年预计实现净利润	
减:提取盈余公积	
提取公益金	
提取任意盈余公积	
可供投资者分配的利润	
减:向投资者分配股利	
年末未分配利润	

17. 练习预计资产负债表的编制

【资料】海资公司 2010 年预算年度的经营预算、投资决策预算、现金预算和预计利润分配表等见综合分析习题 6-16 的资料及编制完成的预算表。

【要求】为海资公司编制 2010 年度的预计资产负债表,如表 8-23 所示。

表 8-23　　海资公司 2010 年度预计资产负债表　　单位:元

资产	年初数	年末数	资料来源及计算依据
流动资产			
货币资金	350 000		
应收票据	300 000		
交易性金融资产	500 000		
应收账款	30 000		
存货	59 000		
流动资产合计	1 239 000		
固定资产			
固定资产原值	6 580 000		
减:累计折旧	987 000		
固定资产净值			
在建工程	1 090 000		
固定资产合计	6 683 000		
无形资产及其他长期资产			
无形资产	210 000		

续表

资产	年初数	年末数	资料来源及计算依据
其他长期资产			
无形资产及其他长期资产合计	210 000		
资产总计	8 132 000		
负债及所有者权益	年初数	年末数	资料来源及计算依据
流动负债			
短期借款	1 700 000		
应付账款	42 120		
应付债券	500 000		
应交税金			
应付股利	520 000		
应付职工薪酬	178 000		
其他			
流动负债小计	2 940 120		
长期负债			
长期借款	700 000		
应付债券			
长期负债小计	700 000		
负债合计	3 640 120		
所有者权益			
实收资本	3 731 880		
资本公积	150 000		
盈余公积	400 000		
未分配利润	210 000		
所有者权益合计	4 491 880		
负债及所有者权益总计	8 132 000		

18. 练习成本预算执行情况分析

【资料】某公司将其一分厂设为成本责任中心，生产 A 产品，预算年产量6 000件，单位成本 400 元；实际年产量 4 500 件，单位成本 550 元。

【要求】分析该成本中心成本预算执行情况。

大连出版社教学支持说明

为了建设立体化精品教材，秉承大连出版社对于其教材类产品的一贯教学支持，我们将向使用本套教材的高校教师免费提供教学课件和习题与实训的答案。

为确保此资源仅为教师教学使用，烦请授课老师清晰填写如下开课情况证明，并邮寄（传真）至以下地址，我们据此给您提供。谢谢您的合作！

地址：大连市西岗区长白街 10 号　大连出版社（邮编 116011）

电话：0411-83620416、83621075

传真：0411-83610391

e－mail：hjj@ dlmpm. com

证　　明

兹证明________大学__________系/院第________学年开设的______________课程，采用大连出版社出版的__________作为本课程教材，授课老师为________，学生______个班共______人。

授课教师需要与本书配套的教学课件和习题与实训为：

____。

邮编：__________

地址：__________

电话：__________

e－mail：__________

系/院主任：________（签字）

（系/院办公室盖章）

20____年____月____日